职业教育“教学做”一体化教材

新编21世纪职业教育精品教材·民航服务类

空乘人员形象设计与化妆技巧

主　审◎侯苏容

主　编◎刘雪慧　马艾冰

副主编◎李秋申　刘若宣

中国人民大学出版社

·北京·

图书在版编目（CIP）数据

空乘人员形象设计与化妆技巧 / 刘雪慧，马艾冰主编. -- 北京 : 中国人民大学出版社，2022.5
新编 21 世纪职业教育精品教材 . 民航服务类
ISBN 978-7-300-30233-1

Ⅰ. ①空… Ⅱ. ①刘… ②马… Ⅲ. ①民用航空－乘务人员－形象－设计－高等职业教育－教材 ②民用航空－乘务人员－化妆－高等职业教育－教材 Ⅳ. ① F560.9

中国版本图书馆 CIP 数据核字（2022）第 018079 号

职业教育“教学做”一体化教材
新编 21 世纪职业教育精品教材 · 民航服务类
空乘人员形象设计与化妆技巧
主　审　侯苏容
主　编　刘雪慧　马艾冰
副主编　李秋申　刘若宣
Kongcheng Renyuan Xingxiang Sheji yu Huazhuang Jiqiao

出版发行　中国人民大学出版社
社　　址　北京中关村大街 31 号　　**邮政编码**　100080
电　　话　010－62511242（总编室）　010－62511770（质管部）
　　　　　010－82501766（邮购部）　010－62514148（门市部）
　　　　　010－62515195（发行公司）　010－62515275（盗版举报）
网　　址　http://www.crup.com.cn
经　　销　新华书店
印　　刷　北京瑞禾彩色印刷有限公司
开　　本　787 mm × 1092 mm　1/16　　**版　　次**　2022 年 5 月第 1 版
印　　张　10　　**印　　次**　2023 年 8 月第 2 次印刷
字　　数　185 000　　**定　　价**　38.00 元

前　言
PREFACE

党的二十大报告中指出：完善人才战略布局，坚持各方面人才一起抓，建设规模宏大、结构合理、素质优良的人才队伍。最新修订的《中华人民共和国职业教育法》明确了职业教育是与普通教育具有同等重要地位的教育类型，全社会共同推进职业教育高质量发展，对于提高劳动者素质和技术技能水平，促进就业创业，建设教育强国、人力资源强国和技能型社会，推进社会主义现代化建设具有重要的时代意义。培养优质的职业民航人才，使之为中国式现代化建设贡献力量，不仅是发展职业教育的需要，也是民航业发展的推手。

航空公司是民航业的重要组成部分，航空乘务人员是航空公司的“门面”，作为空乘人员，衣着整洁、举止优雅，具有良好的个人形象，能向他人传递“请相信我，我是有修养、有能力的人”的信息，从而为自己赢得更多的好感和机遇。作为一名空乘人员，这一点尤为重要。良好的个人形象，可为即将进行的几个小时甚至几十个小时的空中飞行服务奠定良好的基础。本书旨在让空乘人员学会提升个人形象的方式方法，包括化妆技巧、服装搭配、饮食养生、保健塑形等。

本书由七章组成：第一章，形象设计概述，主要介绍形象设计的概念、要素、原则及空乘人员形象的构成；第二章，基本妆前准备及化妆流程，主要介绍基本护肤流程及化妆流程，包括化妆常用工具及其使用方法；第三章，空乘人员基本妆面设计，介绍近几年比较流行的、适合亚洲人的化妆技法；第四章，空乘人员的制服，主要介绍制服的色彩分类和整体搭配；第五章，空乘人员的职业发型，主要介绍空乘人员发型的设计原则、基本要求和打理技巧；第六章，空乘人员的美容保健，从多个方面给予美容保健的建议；第七章，空乘人员的气质提升，介绍空乘人员形体美的评价标准，分别从礼仪、芭蕾、瑜伽等方面的体态训练给出提升气质的有效方法。

本书由刘雪慧、马艾冰任主编。刘雪慧，具有13年民航专业教学经验，多年带领学生参加市级职业学校航空服务专业技能大赛并取得好成绩。马艾冰，北京师范大学艺术硕士，北京市职业技术教育学会职业礼仪研究会理事，全国职业院校师生礼仪大赛优秀指导教师，具有多年民航专业形体和礼仪课程教学经验。李秋申、刘若宣任副主编。本书编者均持有航协颁发的客舱乘务服务技能教员资格证书。

本书在编写过程中得到航空服务专业资深教师侯苏容老师的指导。书中图片摄制、编辑由江浩、方芳完成，同时方芳还和多名学生担任出镜模特。在编写过程中，编者参考了大量的资料，并引用了大量来自淘宝网及其他网站的图片，限于篇幅，未能在书中一一标明，在此一并表示感谢。

由于编者水平有限，书中可能会有欠妥之处，恳请广大师生批评指正。

目 录
CONTENTS

第一章

形象设计概述

本章从形象设计的概念出发，诠释了形象设计的定义、沿革、基本内容、要素、原则等。作为一名空乘人员，要具备与该职业相适应的形象和气质，包括面容姣好、举止文雅、形象端庄大方、有亲和力。希望通过本章的学习，大家能对形象设计有一个初步的认识，对空乘人员形象设计有更深切的体会。

第一节　形象设计的概念

学习目标

1. 了解形象设计的定义
2. 理解形象设计的内容

一、形象设计的定义

形象设计是人的整体塑造和自我定位，涉及社会学、心理学、服装学、美学、公关学等多种学科，是人的外在形象和内在形象的结合体。内在形象包括自我想象和他人印象，外在形象包括仪容、仪表、仪态。

（1）仪容：头部及以上的装饰、美容、饰品搭配。

（2）仪表：服装、首饰、包、鞋的搭配。

（3）仪态：表情、眼神、手势，站立、行走等的姿态。

人的仪容、仪表是静态的，仪态是动态的。

二、形象设计的沿革

有了人类文明，就有了形象设计。远古人类劳动的工具制作就是一种形象设计。人类进入信仰时代，“图腾”的产生是另一种形象设计。形象设计是物质与精神结合的产物，随人类精神和物质需求的发展而发展。

人类进入商品社会，竞争除了带来商品的外在形象的变化外，也推动了对人的形象由内到外的塑造，于是形象设计有了更多的内容。随着社会的发展，形象设计与现代科学技术有着密不可分的联系。

个人形象设计随着人们精神需求的提高而不断发展。人的审美由最初对人的第一特征的崇拜，发展到对人的第二特征的欣赏，又发展到对人的第三特征的追求——即对气质和品位的追求。这种追求尤其表现在现代人的审美观上。个人形象设计的本质是对个人形象的完善和提升，帮助个人提高自信、追求品位，而不是文学艺术形象的塑造，也不是模仿和复制。

三、形象设计的基本内容

形象设计综合了轮廓、造型、质地、色彩及风格等因素的表现效果，是实用与审美的完美结合，具有社会性、个性化特点，包含容貌、形体、服饰、行为举止、声音谈吐等，渗透在生活之中。良好的形象设计能给人以美好的印象，方便社交的开展。

（一）容貌

容貌即相貌容颜，主要指一个人面部的轮廓、质感、气色，以及五官的形态结构。容貌居于人体形象之首，是最引人注目的部分，因此，容貌美是人体美的主要组成部分。容貌美不仅能体现自然形态、外在表象，同时能体现人的内在修养、精神状态和气质风度等。一个容貌端庄、气质优雅的人，才能神采奕奕、风度翩翩。

（二）形体

形体指的是人的身形结构。人体结构是完备、协调、富有生机和力量的。形体包括体形、肢体、躯干和皮肤等。形体美取决于身体各部分发展的均衡、协调与和谐。公认的形体最佳标准是人的身高等于头长的八倍。如果达不到这一比例，人体就会显得不协调。比如上身长、下身短，头大、身子小等，都会让人在视觉上觉得不协调，这样就需要靠服装、配饰来修饰了。

（三）服饰

俗语称“人靠衣装马靠鞍”，可见服饰对形象的重要程度。服饰的历史源远流长，可以上溯至原始社会。《鉴略妥注》中讲：“袭叶为衣裳”；《物原·衣原第十一》中讲：“有巢氏始衣皮”。人类最早用树叶、动物毛皮做衣服，服饰文化可以看作由此发端。服饰是装饰人体物品的总称，包括服装、鞋、帽、袜子、手套、围巾、领带、配饰、包、伞等。服饰是地域差异、民族习惯、社会风尚及时代特征等因素的综合体现。得体的服饰可以修饰体形、提升气质，所以说服饰是人体的“软雕塑”。一个人的衣着打扮，很大程度上反映出这个人的个性、爱好和职业特点，也在一定程度上体现这个人的文化素养、经济水平和社会地位。

（四）行为举止

行为举止是人物形象动态的体现。主要指人体在活动时的动作，以及人们在日常生活中和社会交往中的形体姿态。行为举止是展示人的内在美的一个窗口，有时甚至比人的容貌、衣着给人的印象更为深刻。人体的姿态有静态和动态之分，有站姿、坐姿、蹲姿、走姿和手势等。姿态不仅能体现人的外观形态，还能反映出一个人的气质与风度。人体在运动过程中产生的动作，需要干净、整洁、饱满的精神面貌，以及自然挺拔、端庄大方的姿态相配合，才能体现出和谐的整体美感。

（五）声音谈吐

中国人讲究“听其言，观其行”，因此把声音、谈吐作为考察人品的重要内容。古希腊有语：“囊中羞涩，就应该口中富有辩才。”英国哲学家培根也曾说过：“动听的言谈常使你闪闪发光。”声音谈吐能够反映出人的品德修养和文化水平。因此，声音美也是仪态美的一个重要组成部分。形象设计也包括指导人们如何更好地运用发声器官，维护发声功能，使人发出更好听的声音，更好地进行语言表达。在进行语言表达时，要做到语音轻柔、语意完整、语调亲切、语速适中，体现出较高的个人修养和品位。

知识拓展

如何拥有有魅力的声音？这里给出一些建议，只要加强练习，一定可以得到想要的效果。

先放松声带，用一些轻缓的气流振动它，让声带做好准备，发一些轻慢的声音，千万不要张口就大喊大叫，这样只会损伤声带。这就像我们在做剧烈运动之前，要做些准备动作一样，否则就容易使肌肉拉伤。

声带活动开了，我们还要做一些口腔准备活动。口腔是重要的共鸣器，声音的洪亮、圆润与否和口腔有着直接的关系，所以不要小看口腔的作用。口腔活动可以按以下方法进行：进行张闭口的练习，活动嚼肌，这样等到练声时嚼肌运动起来就轻松自如了；挺软腭，这个方法可以用学鸭子“嘎嘎”的叫声来体会。

人体还有一个重要的共鸣器，就是鼻腔。有人在发声时，只会在喉咙上使劲，根本就没用上胸腔、鼻腔这两个共鸣器，所以声音单薄、音色较差。练习用鼻腔共鸣的方法是学习牛叫。但一定要注意，在平日说话时，如果只用鼻腔共鸣，则可能造成音量太大的结果。

练声时，不要在早晨刚睡醒时就到室外去练习，那样会使声带受到损害，特别是室外与室内温差较大时，更不要张口就喊，以免冷空气进入口腔后刺激声带。

练习吐字。吐字似乎离发声远了些，但其实二者是息息相关的。只有发声准确无误、清晰、圆润，吐字才能“字正腔圆”。我们都学习过拼音，知道每个字的读音都是由一个音节组成的，而一个音节又可以分成字头、字腹、字尾三部分。这三部分从语音结构来说，大体上字头就是声母，字腹就是韵母，字尾就是韵尾。吐字发声时一定要咬住字头。有一句话叫“咬字千斤重，听者自动容”，说的就是这个意思。所以我们在发音时，嘴唇一定要有力，把发音的力量放在字头上，利用字头带响字腹与字尾。字腹的发音一定要饱满、充实，口形要正确。发出的声音应该是“立”着的，而不是“横”着的；应该是“圆”的，而不是“扁”的。如果处理不好，就容易发出“扁”、“塌”、不圆润的声音。字尾，主要是归音。归音一定要完整，也就是不要念半截字，要把音发完整。当然字尾也要能收住，不能把音拖得过长。

如果你能按照以上的练习方法去做，那么你的吐字一定圆润、响亮，你的声音也会变得悦耳动听。

第二节 形象设计的要素

学习目标

掌握形象设计的八个要素。

一、体形要素

良好的体形会给形象设计师施展才华留下广阔的空间。完美的体形固然要靠先天的遗传，但后天的塑造也是相当重要的。长期健身、饮食合理、性情宽容豁达，有利于保持良好的体形。

二、发型要素

美发工具的更新，各种染发、烫发产品层出不穷，为塑造千姿百态的发型提供了充分条件，而发型的式样和风格又能直接体现出人的性格及精神面貌。

三、化妆要素

化妆是传统而又简便的美容手段。化妆用品的不断更新，使化妆有了更多的内

涵。“浓妆淡抹总相宜”，从古至今人们都偏爱梳妆打扮，特别是逢年过节、喜庆之日。淡妆高雅、随意；彩妆艳丽、庄重。恰当的化妆，与服饰、发型和谐统一，能更好地展示自我、表现自我。化妆在形象设计中起着画龙点睛的作用。

四、服装要素

服装造型在人物形象中占据很大视觉空间，也是形象设计中的重头戏。选择服装款式、比例、颜色、材质，要充分考虑视觉、触觉带给人的心理、生理反应。服装能体现年龄、职业、性格、时代、民族等特征。一个形象设计师要了解服装的款式造型设计原理，及服装美学和人体工程学的相关知识。当今社会人们对服装的要求已不仅是干净整洁，而是增加了审美元素。服装在形式上有 A 字形、V 字形等；在类型上有传统的含蓄典雅型、现代的外露奔放型等。在形象设计中对这些知识运用得当，进行合理设计，将会使人的体形扬长避短。

五、饰品、配件要素

饰品、配件的种类很多，颈饰、头饰、手饰、胸饰、帽子、鞋子、包袋等都是人们常用的饰品和配件。由于每一种饰品和配件的材质和色泽不同，搭配出的造型也千姿百态，能恰到好处地点缀服饰和人物整体造型，能使灰暗变得亮丽、使平淡增添韵味。恰当选择饰品和配件，能体现人的穿着品位和艺术修养。

六、个性要素

在进行全方位形象设计时，要考虑一个重要的因素，即个性要素。回眸一瞥、开口一笑，站与坐、行与跑，都会表现出人的个性特点。忽略人的气质、性情等个性条件，一味地追求穿着时髦、华贵，只会被人笑为“臭美”。只有当“形”与“神”达到和谐时，才能创造一个自然得体的个人形象。创造一个属于自己的、有特色的个人整体形象，才是更高的境界。

七、心理要素

人的个性受先天遗传和后天塑造的影响，而心理要素完全取决于后天的培养和训练。高尚的品质、健康的心理，是人整体形象的一部分。

八、文化素养要素

人与社会、人与环境、人与人之间是相互联系的。在社交中，谈吐、举止与外在形象一样重要。外在形象建立在自身的文化素养基础之上，人的个性及心理素质要靠文化素养来调节。具备更高的文化素养才能使自身的形象更加丰满、完善。

在形象设计中，如果将体形要素、服饰要素比喻为硬件的话，那么文化素养及心理素质则是软件。硬件可以借助形象设计来塑造，而软件则必须靠自身的不断学习和修炼。硬件和软件合二为一，才能达到形象设计的最佳效果。

第三节　形象设计的基本原则

学习目标

1. 了解形象设计的 4 个基本原则
2. 根据不同情况执行不同的形象设计原则

形象设计是将人的精神面貌、性格特征等内在素质外在化，最大限度地挖掘优点、弥补缺点，塑造美观大方、协调统一的整体形象，满足人们的精神需求。

一、TPO 法则

TPO 是 time（时间）、place（地点）、occasion（场合）三个单词首字母的缩写。设计对象的穿着打扮都必须符合这三方面的要求。从“设计的指向应该是人”的思想出发，形象设计涉及与设计对象相关的各种因素，如职业特点、工作性质、生活环境等。形象设计的方式在不同的时间、地点和场合是不同的，体现的目的也不同。TPO 法则的含义就是要求人们在形象设计时，应当兼顾时间、地点和场合，并力求与之协调一致、和谐匹配。

二、比例与尺度

形象设计最直接的目标，就是要使设计对象在形象上达到美的最佳效果，因此外形的美是形象设计必然要强调的部分。

（一）比例美

所谓比例，就是指事物的构成元素在部分与整体、部分与部分之间合乎一定规律。比例即关系的规律，凡是正常状态的物体，各部分的比例关系都是合乎常规的。比例恰当，物体就匀称；比例不恰当，物体会出现畸形或不协调。我们通常说五官端正或身材匀称，就是说五官结构和身体结构体现了合理的比例关系。空乘人员选拔的基础条件就是五官端正、身材匀称。

黄金分割是世界上通用的美学法则。黄金分割具有强烈的艺术性与和谐性，蕴藏着丰富的美学价值。黄金分割是一种数学上的比例关系，应用时一般取 1∶1.618。这个比值在自然界和人们生活中到处可见：如人的肚脐是人身体的黄金分割点；人的膝盖是肚脐到脚跟的黄金分割点。建筑师对这个比例特别偏爱，无论是古埃及的金字塔、巴黎的圣母院，还是埃菲尔铁塔，都与这个比例有关。人们还发现，一些名画、雕塑、摄影作品的焦点，大多在画面的黄金分割点上（见图 1－1）。因此，黄金分割的结构，在比例的均衡与整体的和谐方面更符合人们的审美标准。

图 1-1 《蒙娜丽莎》中的黄金分割

（二）尺度美

尺度指的是事物的量和质统一的界限，一般以量来体现质的标准。事物超过一定的量就会发生质变，达不到一定的量就不能成为某种质。例如，在人的五官中，眼睛、鼻子和嘴巴是人们审美的重点，处于主要地位；而眉毛、耳朵则处于次要地位。如果一个人的眉毛修饰得过分，或者耳环大得夸张，就会给人喧宾夺主的感觉，影响美观。

三、对称与均衡

（一）对称美

对称是指整体中的各部分依照实际的或者假想的对称轴，在两侧形成同等的体量对应关系，使其具有稳定统一的美感。对称分为静态对称和动态对称两种。

静态对称有左右对称、上下对称和前后对称等，其中左右对称是基础，上下对称和前后对称是左右对称的变种。

生物的结构几乎都是对称的。例如，我们看到的美丽的蝴蝶（见图 1－2）、蜻蜓等。把对称看作是美的，就是因为它体现了生命体的一种正常发育状态。人体在正常情况下，体形是左右对称的，以鼻梁为中心轴，双眉、双眼、双耳的间距和高低位置是均等的；行走时双脚前后移动、双臂前后摆动的幅度也是均等的。对称具有平衡稳定的特性，会使人的心理产生愉悦感；反之，残缺的、不对称的或者是变形的物体，则会让人不愉快。

图 1–2　蝴蝶

动态对称作为一种构造方法，在各类艺术作品设计中有着广泛的应用。运用该方法可以充分体现作品的稳定性、艺术性。

（二）均衡美

均衡是从运动规律中升华的形式美法则，即对应的双方在形式上（如左右、上下）虽然不一定对称，但在分量上是均等的。均衡是静中有动的对称，是对称的一种变形，使作品形式在稳定中富于变化，显得生动活泼，产生动态的美感。例如，古希腊的艺术家认为人最优美的站立姿势，是把全身的重心落在一条腿上，而另一条腿放松。这样为了保持人体重心的稳定，整个身体就会自然而然地形成一种曲线美。我们在一些雕塑和绘画中能够看到这样的均衡。均衡是形象设计中经常运用到的法则。完美的面容都应该是对称的，但是现实中绝对对称的面容极少存在，因此，在形象设计中就要对脸形和五官进行矫正。人的发型设计以及服装打扮，也大多采用对称的原则，但过度讲究对称会显得呆板、拘谨。因此，在某种程度上要打破对称，避免单调和刻板，就要多从均衡方面考虑，创造出生动活泼的形象。例如，在空乘人员的发型上可采用斜刘海、侧分等形式，在服装上可通过口袋、切线、装饰物和花色的非对称形态，与基本形态相结合，从而增加变化和动感，使人物形象更加生动、秀丽。

四、多样与统一

多样与统一是形式美的最高法则，又称和谐。多样与统一体现了大自然和人的矛盾对立统一现象。如形状有大小、方圆、长短、高低、曲直和正斜；性质有明暗、刚柔、粗细、强弱、轻重和润燥；形态有动静、抑扬、进退、聚散和浮沉，等等。这些对立因素在艺术形象上得到统一，就能够形成和谐的形式美。我们所处的世界乃至整个宇宙都是体现这一法则的丰富多变而又统一的整体。在单一中求变化，在变化中求对立，在对立中求协调，在协调中求统一，构成一个有机整体，达到最高的多样与统一。

第四节　空乘人员形象的构成

学习目标

1. 了解空乘人员形象的构成
2. 掌握各形象要素的设计方法

随着时代的进步和生活水平的提高，人们对于美的追求已经成为普适需求。无论年轻人、中年人、老年人，无论什么职业，都有不同的审美追求。对于空乘人员而言，形象尤为重要。空乘服务是航空公司的窗口性岗位，空乘人员是各大航空公司的一道亮丽风景线。因此，空乘人员形象设计，既要美观，更要具备与该职业相适应的形象和气质。空乘人员需要面容姣好、举止文雅、端庄大方、有亲和力。

一、仪表形象

（一）妆容规范

空乘服务标准可以说是服务行业的最高标准，不但着装有标准，服务程序有规范，就连妆容都有规定。一名合格的空乘服务人员，除了在服务过程中，通过对服务对象的细心关爱、周到服务，体现高尚品质与素养外，外表形象也要给服务对象留下完美印象。

当人们提及新加坡航空时，首先映入脑海的便是新加坡航空乘务人员落落大方的形象。众所周知，新加坡航空之所以能赢得好的口碑，所依赖的正是“新加坡小姐”标准。一副靓丽的妆容可以让女性气质非凡，一名空乘人员可以用她的职业自信诠释出美丽。

为了打造优质服务品牌，提升服务内涵，展现空乘人员的形象风采，中国东方航空公司（以下简称东航）特聘专业的形象设计公司，为空乘人员量身定制了蓝紫色系、紫色系、金棕色系 3 套彩妆模板，全力打造空乘人员得体、优雅、亮丽的整体职业形象。本次活动特别聘请了著名化妆师毛戈平担任东航空乘人员形象顾问，并由资深化妆师根据每一位空乘人员的外形特点和企业的共性需求，提供一对一、手把手的辅导。这是国内航空公司首次为空乘人员聘请形象顾问。每位空乘人员经过前期培训后，再利用业余时间进行反复练习和摸索。最后，接受全面考核：由化妆师对每位空乘人员定妆后的效果予以打分，并颁发个人专属的妆容“色卡”，以便在飞行前进行妆容检查，妆容与“色卡”上的标准相符才能上岗。东航斥资塑造全新空乘人员形象，目的在于使东航空乘人员真正成为“东方淑女”的形象代表，让空乘人员在服务过程中更加职业化、更加亮丽、更具亲和力。

（二）服饰规范

人们之所以会觉得空乘人员行走的队列十分美观，首先得益于空乘人员严格的制服穿着规范。制服是一种特殊的服装，通过制服可以看出一个人的职业形象。空乘人员的制服不是简单通过大、中、小号来定制的，而是给每个人量体裁衣，所以穿在身上十分合体。即便有些空乘人员身材有了变化，也会把衣服送到裁缝店修改合体。只有合体的制服才能够显露出好的身材，在工作时才会显得精干利落。同时，要确保制服干净、整洁、挺括。在着制服时，尽量少戴首饰，因为制服本身是一种不需要装饰品的衣服。

女性空乘人员的小背包里都备有连裤丝袜，任何时候都不应该让脱丝、破洞的丝袜穿在腿上；皮鞋每天都需要擦拭，以保持光亮清洁；长发按照规定的样式盘好发髻，短发打理得干练精神，额前的刘海不长过眉毛，后面的头发不长过衣领，头发不能染色和挑染；两人以上的空乘人员在行走时自然成队，左肩背包，右手拉箱，不能勾肩搭背地聊天。

所以，制服的美不仅在于服装款式和质地，而更在于整体的穿着及与之相称的配饰、发型、表情和举止。

二、形体规范

形体规范指人们在活动中各种身体姿势的总称。人们通过各种姿势的变化，完成各项活动，展现个人所具有的独特形体魅力。空乘人员在与乘客交流的过程中，一言一行、一举一动，都会影响乘客的感受。因此，优美的形体姿态，不仅可以带给乘客美的享受，更是展现企业形象、提高乘客认知度的宣传载体。人的形体语言包括表情语言和动作语言两大类。

（一）表情语言

微笑，是最温馨、最具引力的表情语言。不管微笑的内涵多么丰富，诸如友好、愉悦、欢乐、欢迎、欣赏、拒绝、否定、尴尬等，微笑给予人们的信息却往往都是愉快的。空乘人员对乘客的每一次微笑都会让人感到善意、理解和支持，可以在一定程度上代替有声语言，起到无声胜有声的作用。空乘人员对自己从事的职业有了明确的认识和深刻的情感体验，会从心灵深处产生微笑服务的意识，会以强烈的责任感和饱满的热情，全身心地投入工作中，自觉地、心甘情愿地为顾客提供微笑服务。

（二）动作语言

动作语言一般分为手势语言和姿态语言。

手势语言通过手的活动来传递信息，包括握手、招手、邀请、指引等。手势语言可以表达友好、祝贺、欢迎、惜别等多种意义。姿态语言，是指通过坐、立等姿势的变化表达信息的“体语”。

姿态语言可以表达自信、乐观、豁达、庄重、矜持、积极向上、感兴趣、尊敬等意思。动作语言丰富而微妙，是人们思想的显露、情感的外化。林语堂是这样说的：“女人的美不是在脸上，是在态上。”姿态是活的，是心灵的表现。有慧心，才会有相应的姿态，只靠打扮是打扮不出来的。

显然，姿态和人的容貌基本无关。也就是说，即便是一个五官不完美的人，也大有机会凭借后天的努力，最终以姿态胜出。如果天生丽质再加上仪态万方，便可锦上添花。当空乘人员出现在机场时，往往会成为众人关注的焦点。当然，这一切并不是天生得来的，需要经历艰苦严格的训练，她们才能够优雅地展现富有内涵的、自信的、高贵的气质。

空乘人员保持良好体态的秘诀在于“提收松挺，持之以恒”。提是拉直颈部，收是收腹收臀，松是两肩向后自然放松，挺是挺胸。这也许听起来简单容易，可一直保持就不那么简单了。而形体塑造的要求就是坚持，从而达到塑形的效果，使身材变得挺拔。美是从苦练中打造出来的。优雅气质、完美体形的确来之不易，吃得苦中苦，方能美上美。

三、语言形象

从本质上说，服务就是沟通。因为只有沟通，才可能了解乘客的需求；只有沟通，才能表达对乘客的情感；只有沟通，才能有效化解与乘客之间的冲突。因此，把话说得恰到好处是空乘人员最基本、最重要的工作技能。具备良好的语言形象能让人左右逢源，如鱼得水；反之，则会处处受限，寸步难行。

（一）语言规范化

在服务工作中，空乘人员在与乘客接触的整个过程中，始终都离不开语言交流。对空乘人员而言，语言是个人素质的直接表现，也直接影响服务品质，从而影响航空公司的形象。所以，空乘人员在服务乘客时，一定要注重语言的形式规范、程序规范及服务用语规范。

1. 形式规范

（1）恰到好处，点到为止。服务不是演讲，也不是讲课，空乘人员在服务时只要清楚、亲切、准确地表达出自己的意思即可，不宜多说话。

（2）有声服务。没有声音的服务缺乏热情，冷冰冰的，没有魅力。

（3）轻声服务。传统服务业都是“吆喝式”的服务，而随着人们生活水平的提高，对环境安静的要求提高了，所以空乘服务更应为乘客保留一片宁静的天地。

（4）清楚服务。有的空乘人员往往因为腼腆等原因，在服务过程中没有清楚地与乘客沟通服务需求，造成乘客的不满，从而耽误工作。

2. 程序规范

（1）乘客到来有迎声。

（2）乘客离开有道别声。

（3）乘客帮忙或表扬时有致谢声。

（4）乘客欠安有问候声。

（5）服务不周有道歉声。

（6）服务之前有提醒声。

（7）乘客呼唤有回应声。

3. 服务用语规范

空乘服务用语规范：“请”字当头，“您”作称谓；体谅乘客，不吝致谢；礼貌介入，不显唐突；抱歉在先，行动紧随；说清理由，再提要求。

对于一名空乘人员，要遵循很多行业标准，在工作中不断追求高标准、严要求的时候，可能会忽略最基本的服务用语。如果想成为一名合格的空乘人员，首先就要牢记服务用语规范，这是最简单有效的提高服务水平的方法。

当乘客走进客舱时，最希望看到空乘人员面带微笑的形像，听到：“您好，欢迎登机。”就这么一句话，让乘客感受到热情、感受到被尊重。迎客是空乘人员与乘客的第一次见面，良好的第一印象能为后续的服务提供帮助。

（二）语言艺术化

对于空乘人员来说，语言表达是主要服务方式。语言艺术渗透在空乘工作的方方面面，是提升服务质量的关键因素。在工作中标准化服务用语容易使人感到缺乏情感，且有限的几句标准用语很难适应复杂多变的服务场景。所以，在服务过程中，空乘人员要擅于使用艺术化的语言，避免平淡、乏味、机械。艺术化服务语言不像规范的礼貌用语那么程式化，却都是以尊重乘客、为乘客服务为出发点的，不仅以理服人，更是以情感人，使乘客接受优质的服务，拥有愉悦的心情。例如，在某航班的供餐时间，由于飞机上只为乘客提供两种热食选择，当供应到某位乘客时他想选择的餐食没有了，空乘人员反应很快，去头等舱取了一份餐食，将餐食提供给乘客时说：“您选择的餐食没有了，正好头等舱多一份，给您吧。”乘客一听，很不高兴：“什么意思？头等舱吃剩下的，我也不要。”空乘人员的一片好心反而没有得到乘客的理解。如果换一种表达方式：“很抱歉，您选择的餐食刚好没有了，我将头等舱的餐食提供给您，希望您喜欢，也希望您谅解。如果下次您有机会乘坐我们的航班，一定让您品尝到首选餐食，您看可以吗？”同样的语言内容，换一种表达方式就能收获不同的结果。

（三）禁用语言

（1）避免使用粗话、脏话、黑话、气话、怪话、方言等。

（2）避免涉及隐私的语言，包括身体特征、年龄、婚姻状况、背景、收入等。

（3）避免涉及死亡、事故等语言。

（4）避免用法律法规给乘客施压：“我们公司规定，您不能……”“那谁知道啊，就这么规定的……”“法律就是这么定的，您就得……”。

（5）禁止推卸责任：“这不是我的责任。”“这是航食配的餐，我们也没办法。”“航空管制，我不知道何时起飞。”

（6）禁止埋怨乘客：“您觉得这么做合适吗？”“您的要求能一次性说完吗？”“您没看我忙着吗？”

（7）禁止传递信息内外不一：“给 33A 那老头儿倒杯水。”“就第一排那个女的，给她一份报纸。”

空乘人员是航空公司的窗口，代表的是公司的理念与形象。一名合格的空乘人员，需要具备优质的形象、协调的体型、得体的语言，还有深厚的文化素养和过硬的心理素质等。所以航空公司需要培养优质的空乘人员，必须关注空乘人员的各个方面，注重空乘人员的全面发展。

复习与思考

1. 你认为合格的空乘人员的职业形象包含哪些要素？
2. 你已经具备了合格的空乘人员职业形象的哪些要素？
3. 你觉得你距一名合格的空乘人员的职业形象还欠缺哪些要素？
4. 你对于自己欠缺的职业形象要素有什么改进计划？

第二章

基本妆前准备及化妆流程

本章从对皮肤的基本认知开始，到妆前护肤流程及化妆流程的知识解析，系统全面地介绍护肤及化妆的基本操作手法与工具使用要领。无论是护肤还是化妆步骤，除了必要的流程以外，还有各类化妆品的详细介绍以及配套工具的使用方法。希望通过本章的学习，大家能够对完成一个妆面所需要的各种工具及操作流程有系统的认知，能够真正在护理好自己肌肤的基础上精益求精，追求更美的自己。

第一节 肤质的认知

学习目标

1. 认识不同肤质的特性，辨别自己的肤质
2. 学会根据自己的肤质选择适合的护肤品

一、了解自己的肤质

无论你在彩妆店还是护肤专柜，在纠结挑选产品的时候，是不是都能听到柜姐这样问你："亲，你是干皮还是油皮呢？我来帮你找找看适合哪一款。"

突如其来的帮助让你欣喜的同时可能又会陷入尴尬："干皮还是油皮，什么意思？我也不太清楚呀！"于是可能随随便便挑一种颜值看起来还不错的产品，或者是美妆博主强烈推荐的产品。结果回去用了之后会很油、搓泥，甚至会起痘，于是此款产品弃之不用，又到专柜进行下一次筛选，周而复始，一次次试错，直到找出适合自己的彩妆和护肤品。可就在这么一次次的尝试当中，你的皮肤开始出现各种问题，还浪费了不少钱。

以上可能是大多数初入彩妆界，或者开始想要护肤的人都会遇到的问题。从皮肤健康方面来讲，如何才能挑选到真正适合自己的彩妆或者护肤品呢？与其漫无目的地研究五花八门的化妆品，不如先研究一下自己的肤质。

肤质指的是人的皮肤的不同特殊属性。

就像人的性格一样，每个人受年龄、环境、遗传、生活习惯等的影响，皮肤也会呈现出不同的状态。有时候人的肤质在不同的阶段可能还会有所不同。例如人在婴儿时期肤如凝脂、吹弹可破，而长大之后很少能保持婴儿时的肌肤状态，或多或少都会有所改变。不同人的肤质是不一样，这也就是为什么大家推荐的护肤品用在你脸上不合适的原因，不一定是护肤品不好用，而只能说它并不适合你的肤质。

二、肤质的类型

肤质的种类细分起来有很多，这里只介绍基础分类（见表 2－1）。如果需要更精准或者专业的检测，可以找专业的医疗或者医美机构。

表 2－1 肤质的类型

肤质	状态
干性皮肤 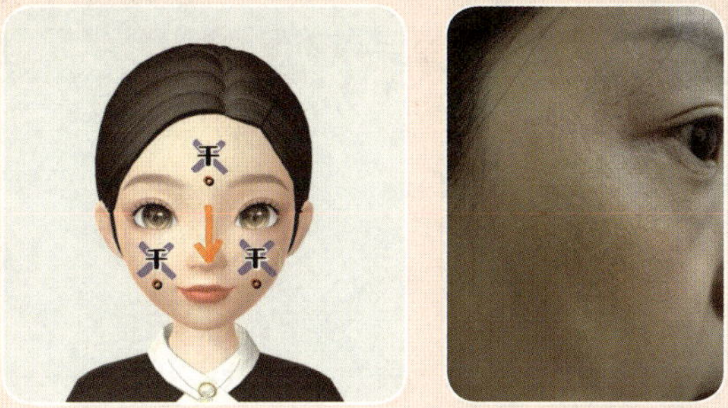	肤质细腻，毛孔较小，皮肤干燥，受风吹日晒或者季节变化，容易起皮、泛红、疼痛以及出现干纹、细纹，起痘后痘印不易恢复。
油性皮肤 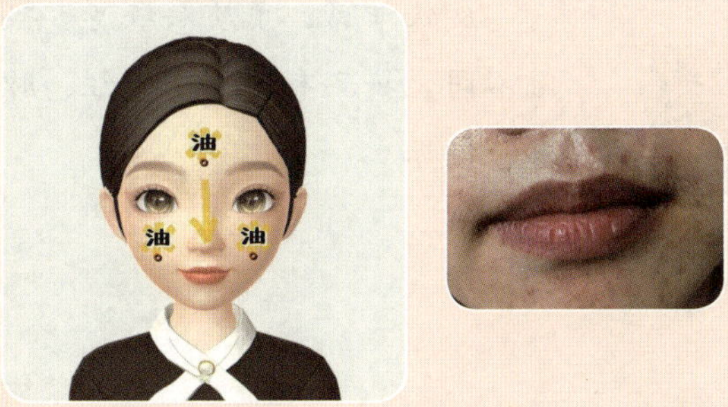	皮肤油脂分泌旺盛，尤其是鼻唇三角区。面部清洁后短时间内很快出油，出油区毛孔粗大，易脱妆。
中性皮肤 	皮肤健康、平滑，毛孔较小，油脂分泌适中。

续表

<table>
<tr><th>肤质</th><th>状态</th></tr>
<tr><td>混合性皮肤

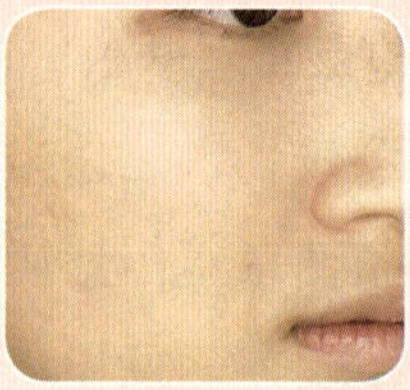</td><td>面部既有干性皮肤特质也有油性皮肤特质。局部干，其他区域出油；或局部出油，其他区域正常或偏干。</td></tr>
<tr><td>敏感性皮肤

</td><td>皮肤细腻，角质层较薄。接触不同化妆品有可能会泛红、肿痛、搔痒。</td></tr>
<tr><td>痘痘肌

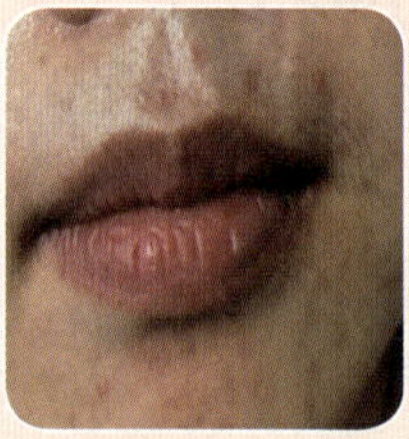</td><td>面部痤疮面积较大，反复滋生，毛孔较大。</td></tr>
</table>

练一练

你了解不同肤质的特点了吗？快来判断一下自己的肤质吧！

三、根据肤质挑选化妆品

有时候确定了自己的肤质，看到种类各样的化妆品还是无从下手。很多时候，每个品牌的化妆品的同类商品可能会有很多系列，常常令人眼花缭乱。以下五个方法让你很快做出决定。

（一）与销售人员交流

你可以在化妆品专柜前咨询销售人员，告诉对方你的肤质和想要选择的商品种类，让销售人员来帮你选择适合你肌肤的商品。

（二）看介绍说明

现在大部分的化妆品设计都非常贴心，如果在产品详情或者广告介绍中仔细找找，都能看到上边写着适合怎样的肤质（见图 2－1）。如果不确定或者找不到，还可以利用网络搜一下，看看大家提供的信息，很多乐意分享的小伙伴都可以给你想要的答案。

产品信息

品　名：净润洗面霜

规　格：100g

产　地：日本原装进口

功　效：不易刺激、深层洁净、舒护屏障

推荐人群：敏肌/干性肌肤/中性肌肤

有效期：5年

图 2－1　产品介绍说明

（三）手背试用

试用产品时只需将一点点涂在手背上，就能马上感知化妆品的使用感受（见图 2－2）。手背的肌肤细腻而又敏感，能够很好地感受化妆品的吸收及滋润程度。如果手背的使用感都比较糟糕的话，那就尽快放弃。

（四）看大家的测评

问问身边和你一样肤质、一样年龄段的小伙伴对于护肤品有哪些不错的心得，说不定可以一步到位选到合适的产品。

还可以搜索一些网络测评，找到和自己肤质相同的网友评价，作为选择产品的参考（见图 2－3）。

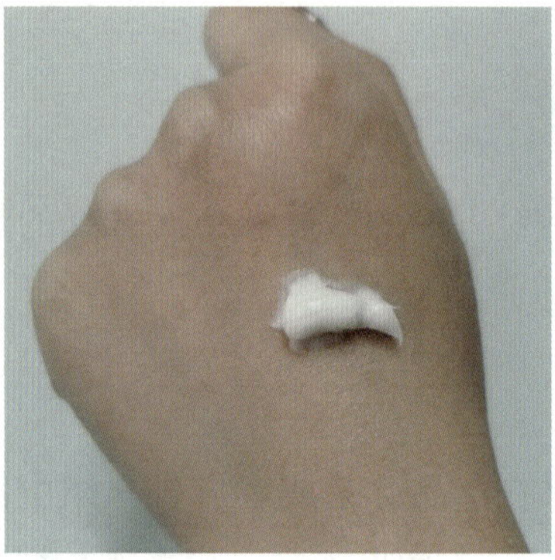

图 2－2　手背试用

图 2－3　网络测评

（五）谨遵医嘱

皮肤屏障受损还有痘痘肌的人要特别注意：你的皮肤可能问题很严重，靠自己调整是不行的。想要长久的美丽，需要专业的医生来帮助你治疗，给你最佳的护肤建议。

练一练

分享一下这周你成功买到的适合自己肤质的好物吧！

第二节　妆前护肤流程

学习目标

1. 了解一般护肤流程
2. 能够根据护肤步骤，按照规范的方式进行护肤

一、妆前工作要做好

很多初学化妆的人都会过于关注选购各种各样的化妆品，如眼影、口红、粉底液等。然而大部分人其实连前期的护肤工作都还没有做好，随便拍一拍化妆水就开始上妆了，这就“本末倒置”了。

现在人们越来越注意皮肤的保养，各个媒体平台的专业美妆博主基本都不是单纯地介绍和推荐彩妆，而是经常教授化妆前的护肤流程，并提供一些护肤小技巧，让大家健康理性地变美。

所有的彩妆基本都含有多种化学物质，如果一两天护肤不到位还好说，但长此以往，会让皮肤每天承受巨大的压力和伤害，最后超负荷，出现各种各样的问题。前面说过肤质是会改变的，如果护肤不到位，皮肤又经常受到化妆品的“摧残”，本来的健康肌肤就会开始红肿、痛痒，最后变成敏感肌、痘痘肌等，最可怕的是，还会加速皮肤衰老（见图 2-4）。

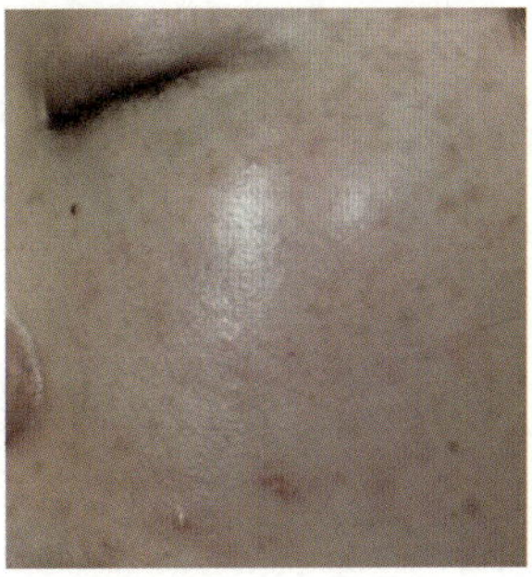

多天不护肤上妆

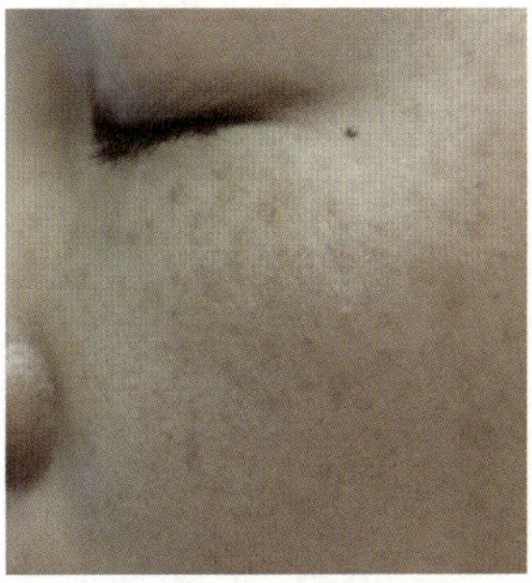

正常护肤后上妆

图 2-4　妆前护肤与否对比

此外，化妆时搓泥、持妆时间不久，甚至起皮等问题，也有可能是前期护肤不到位导致的（见图 2-5）。

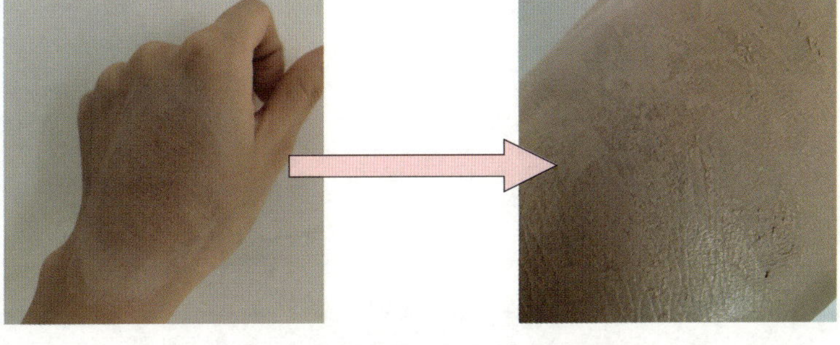

图 2-5　护肤不到位导致上妆问题

二、妆前护肤流程

妆前护肤流程如图 2－6 所示。

图 2-6　妆前护肤流程

(一) 卸妆 / 洁面

1. 卸妆

卸妆产品包括卸妆水、卸妆膏、卸妆油等，见图 2－7。

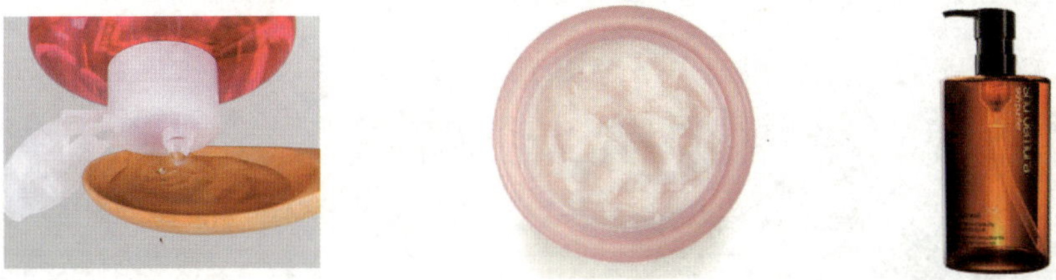

卸妆水　　卸妆膏　　卸妆油

图 2－7　卸妆产品

质地：不同类别质地有所不同。

作用：如果化了妆，哪怕只是淡妆，单单依靠洁面的清洁力度是远远不够的。每一次残留的化妆品，都会让肌肤增加一分负担。只有通过专业的卸妆产品，才可能有效清除妆面污垢。

使用方法：不同的卸妆产品使用方法是不一样的，不过卸妆的步骤一定是在洁面之前的。

选择卸妆水卸妆时，一般要配合化妆棉来使用，见图 2－8。

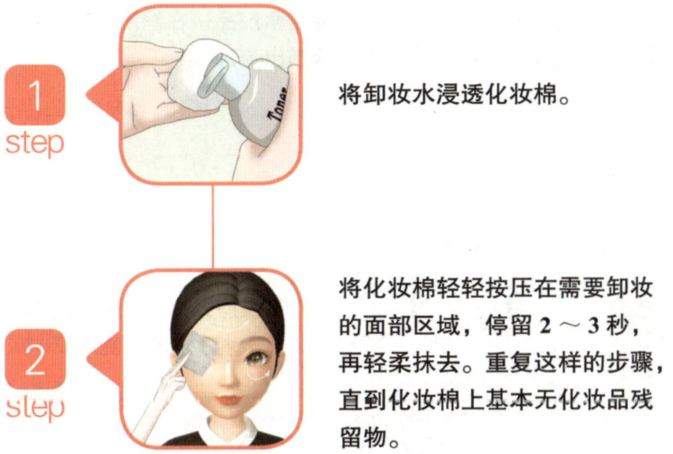

图 2－8　卸妆水卸妆

注意：动作一定要轻柔，以免将肌肤拉扯松弛。卸妆膏、油一般不需要化妆棉来协助完成卸妆，就像洗脸一样揉搓后清洗即可，不过也要依照产品说明书来进行正确卸妆。

购买建议：化妆品基本上是油性的，所以卸妆产品的清洁能力一般是：油 > 膏 > 乳 > 水，大家依照自己的喜好和需求选择购买即可。

2. 洁面

洁面产品包括洁面乳、洁面泡沫、洁面皂、洁面啫喱等，见图 2－9。

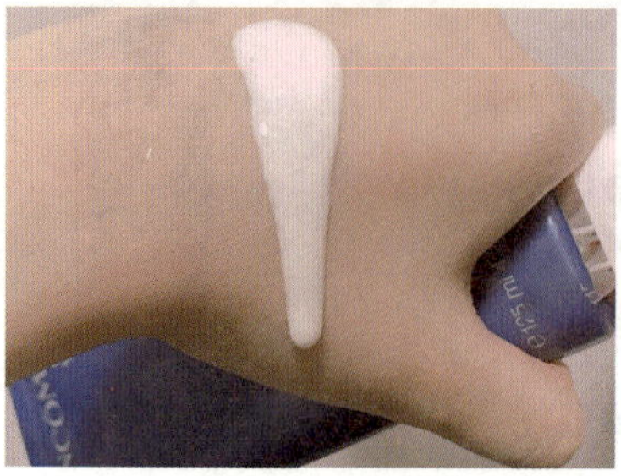

洁面乳

洁面泡沫

图 2-9　洁面产品

质地：多为泡沫状或乳液状。

作用：就算不化妆，一整天积累下来的灰尘、分泌的油脂等，也会让肌肤暗淡无光，甚至冒出痘痘。因此，清晨醒来和睡前还是需要给自己的皮肤进行细致的清洁的，适当的洁面可以帮助保持面部的光洁和干爽。

使用方法：见图 2-10。

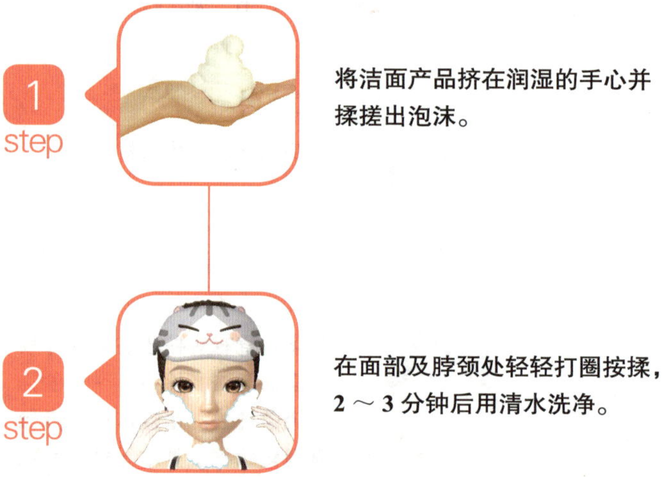

图 2-10　洁面方法

注意：洁面后可以使用一次性专用擦脸巾进行擦拭，无纸屑残留，还不用担心滋生细菌。

购买建议：根据自己的肤质选购适合自己的洁面产品。尽量选择氨基酸类的洁面产品，少用皂基类产品。皂基类洁面产品虽然清洁能力很强，但长时间使用皮肤会更加干燥，敏感肌甚至会出现其他肌肤问题。

（二）面膜

面膜包括涂抹性面膜、湿敷类面膜等。

作用：“补水不够，面膜来凑”。风大、太阳辐射强、熬夜、奔波、皮肤状态差的时候，洁面后来张面膜，修复镇定一下肌肤。不过要记住，不管什么类型的面膜，最好还是在面部停留 20 分钟后就洗掉，接着进行护肤步骤。

建议： 面膜种类很多，价格相对于护肤品来说还是比较便宜的。虽然功效甚多，但不要指望偶尔敷一次面膜，就能解决各种肌肤问题。敷面膜不要贪多，建议一周 2 ～ 3 次即可。

练一练

辛苦了一天，回到家里，试着认真地给自己的面部做一次护理，让自己的皮肤重新获得活力，并分享你的护肤感受。

（三）化妆水

化妆水又称为保湿水、爽肤水、柔肤水、净肤水等。名称不一样但作用基本一样，都是用在洁面后的第一步。

质地： 大部分是水状，也有滑润状、黏稠状或者果冻状。

作用： 用在洁面后的第一步，清洁之后面部水分流失，秋冬干冷季节甚至会出现紧绷或干纹。这个时候要尽快补充水分，维持肌肤的水分平衡，也便于后续其他护肤品的吸收，使用化妆水是不可缺少的一个步骤。

使用方法： 很多化妆水都有附加功能，如控油、保湿滋润、抗痘消炎等，可按照你的需求去选择。化妆水使用方法见图 2–11。

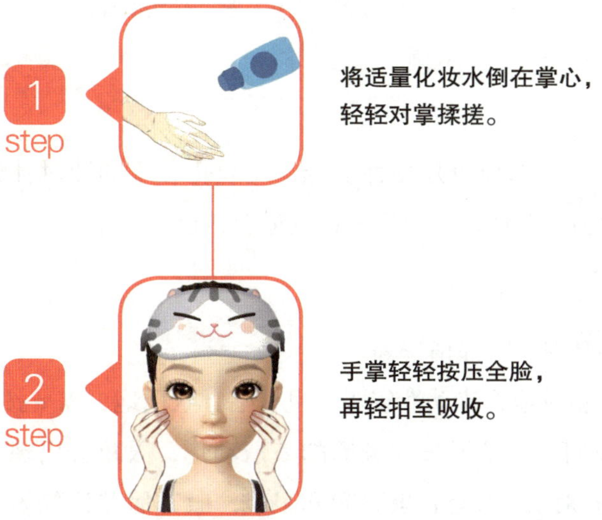

图 2－11　化妆水用法

注意： 一定不要使劲揉搓，以免拉扯肌肤，造成皮肤松弛。在护肤步骤中加入一些特定手法，可以使护肤效果加倍。但要注意使用安全、正确的涂抹方式。

（四）精华

精华又称为精华水、精华液、精华露、精华素等。

质地：比起化妆水更加黏稠一些，流动性强，易吸收。

作用：精华中的有效成分含量较高，能够有效滋养肌肤。当到了一定年龄，想要延缓衰老，保持肌肤弹性，精华就是最好选择。它可以渗透到肌肤深层，修复肌肤。

使用方法：见图 2－12。

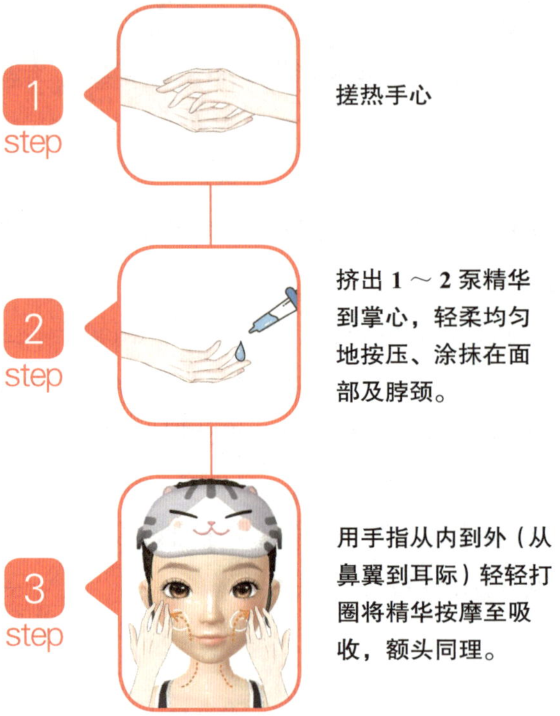

图 2－12　精华用法

购买建议：精华的选择也是多种多样，比起化妆水的即时补充水分功能，精华具有更强的功能性和针对性，需要仔细挑选适合自己的精华。

（五）眼霜

眼霜又称眼部凝露、眼部精华等。

质地：多为乳霜质地，流动性较弱，也有啫喱状质地，需要按摩促进吸收。

作用：随着我们的年龄增长和频繁的表情动作，眼角会出现细纹、干纹；还有一些人因为作息习惯的原因会有黑眼圈和眼袋。眼部肌肤比较敏感，角质层薄，油性较强的乳液、面霜虽然可以减少细纹，但是营养过剩，常常会使眼部出现“脂肪粒”，从而影响美观。眼霜既可以保证眼部肌肤的滋润，也不会产生“脂肪粒”，还可以去除细纹、干纹、黑眼圈等。

使用方法：见图 2-13。

取绿豆粒大小的眼霜在指腹处，手指微微揉搓，利用手指温度乳化眼霜。

用指腹轻轻点涂在眼周肌肤上，并由内而外打圈按压，直至眼霜全部吸收。

图 2-13　眼霜用法

购买建议：眼部肌肤敏感，一些功能性比较强的眼霜可能不太适合有些人群，会出现刺痛、红肿的情况。因此，挑选眼霜时要亲自试一试，多看一看和自己肤质相同的人群测评，多听一听专业指导。眼霜像精华一样，含有精粹成分，一般价格会偏高一些。为了我们的肌肤健康，不要贪图便宜，一定要选择正规品牌。

（六）乳液

乳液又称保湿乳、润肤乳等。

质地：多为奶白色的乳状液体，较黏稠。

作用：一般乳液的主要作用为保湿补水，滋润皮肤，避免肌肤因缺水或天气干燥等出现干燥紧绷情况。相较于化妆水，乳液具有一定的油性，对皮肤的滋润作用会更持久一些，是化妆水必不可少的好搭档，也是妆前保湿工作中十分重要的一环。

使用方法：见图 2-14。

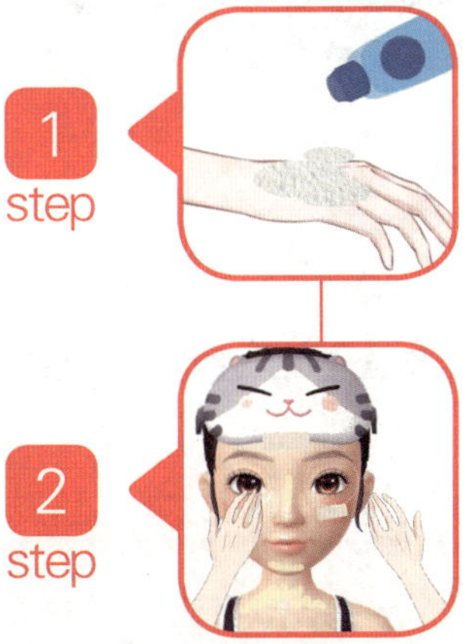

取出适用脸部量的乳液于手背（冬季可适当加大用量）。

手指蘸取乳液点涂在脸颊、额头、鼻梁、下巴、脖颈等部位。以打圈方式轻柔涂抹全脸、脖颈，避开眼周部位。静止 30 秒左右等待完全吸收。

图 2-14　乳液用法

购买建议：很多时候护肤品专柜都会有“水＋乳”搭配的售卖方式。可以针对自己情况，选购功能性一致的套装，护肤功效会事半功倍。

（七）面霜

面霜又称保湿霜、润肤霜。

质地：冰淇淋状。

作用：如果说乳液是用来补充皮肤的水分的，那么面霜就是在保湿的基础上再牢牢将水分锁在皮肤里，不让水分流失，从而保持肌肤弹性。所以说，两者的功效其实是不同的。因此相比较乳液的易吸收，面霜涂抹起来可能显得有点“油腻”，尤其是在炎热多汗的夏天，大家都会选择只涂乳液，而抛弃面霜。但是在后续上妆的时候就会发现，明明护肤后感觉很滋润，但是后面随着粉底液、遮瑕、粉饼一次次叠加，脸上开始出现干纹，以及卡粉、浮妆等一系列问题。于是很多人会开始思考是不是彩妆品的问题，但殊不知原因出在最关键的前期保湿上。补水而不注意锁水，就起不到补水的作用。因此，使用面霜是十分必要的。

使用方法：很多人用的时候都觉得面霜很难推开，其实只要两个小方法基本可以解决大部分面霜过于黏稠的问题，见图 2－15、2－16。

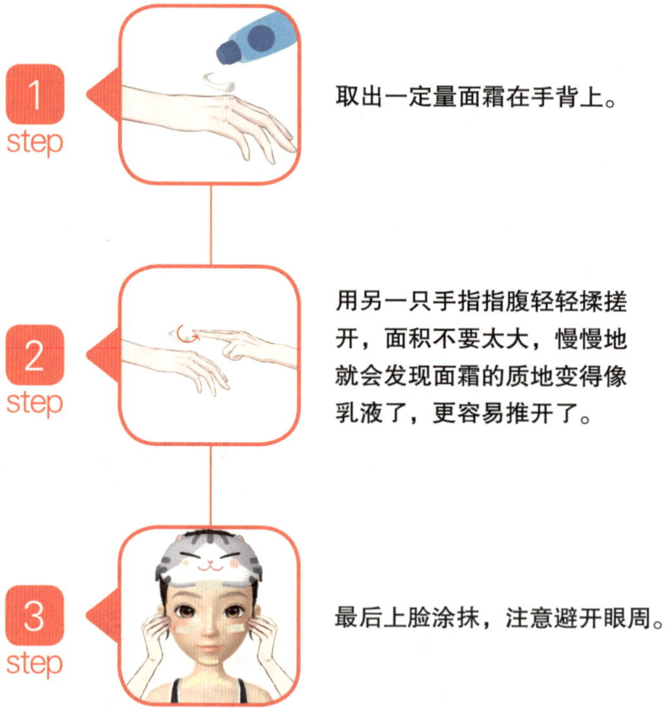

图 2－15　面霜乳化

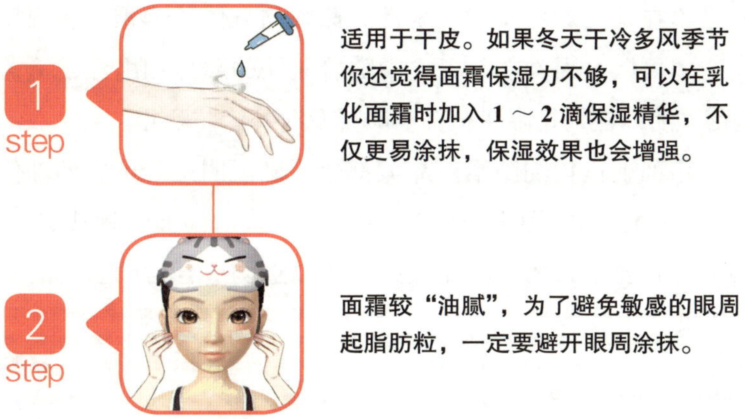

图 2－16　面霜中加入精华

购买建议：可以搭配水、乳一起选购，这样使用起来功效可能加倍。

（八）防晒

防晒产品包括防晒霜、防晒喷雾、防晒啫喱等。

质地：多为白色奶油状，也有喷雾状或半透明啫喱状。物理防晒的质地相对更厚重；而化学防晒的质地则相对轻薄，流动性较强。

作用：很多时候人们都喜欢把防晒当作夏天防止晒黑的保护伞，并以是否会被晒黑来断定防晒产品是否有效。其实这种观念是片面的。对皮肤伤害最大的是阳光中的紫外线，它会加速皮肤的衰老，给皮肤带来色斑、松弛和皱纹等。防晒最重要的任务就是延缓皮肤的老化，因此使用防晒产品是必不可少的。

使用方法：要知道面部防晒和身体防晒是不一样的，不可以通用。因为面部皮肤更娇嫩一些，像一些含有酒精等各种刺激性添加物，或者油性太强的（如物理防晒），其实是不太适合面部使用的。所以至少要准备用于面部和身体的两种不同的防晒霜。

面部使用防晒霜方法见图 2－17。

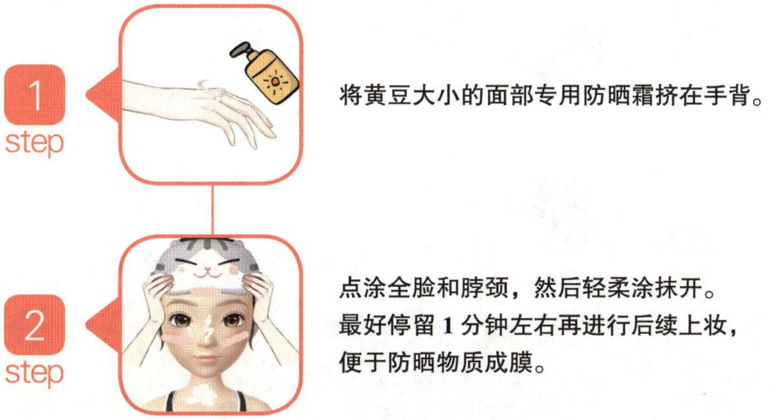

图 2－17　面部使用防晒霜方法

注意：凡是露在外面的肌肤建议全都涂抹均匀身体防晒霜。防晒喷雾要在喷洒后用手涂抹均匀才可以。因为在一天之中随着肌肤的摩擦和出汗，覆盖在肌肤表面的防晒霜会脱落，所以建议每隔 1 ～ 2 小时要及时补涂防晒霜。

购买建议：市面上销售的防晒产品大都会明确说明是否可以面部使用，如果不确定防晒的类型可以仔细看说明，或找销售人员咨询。面部防晒其实也是分肤质的，因为要涂在脸上并且要带妆的时间比较久，所以选购适合自己肤质的防晒产品能让妆容呈现更好效果。

（九）妆前乳

妆前乳又称修颜乳、焕肤乳等。

质地：不同颜色奶油质地。

作用：妆前乳，顾名思义就是化妆前使用的乳霜产品。通常用在上妆前的最后一个步骤，属于护肤品范畴。其实它相当于给后续的妆容打好基础，让妆面更精致、更透亮、更自然、更服帖。有时候感觉浮粉很严重，可能加一层妆前乳就会改善很多。妆前乳的功能有很多：不同颜色的可修饰肤色，带珠光细闪的可提亮肌肤，还能隐形毛孔或呈现出亚光磨皮感，等等。

使用方法：建议配合美妆蛋使用，见图 2－18。

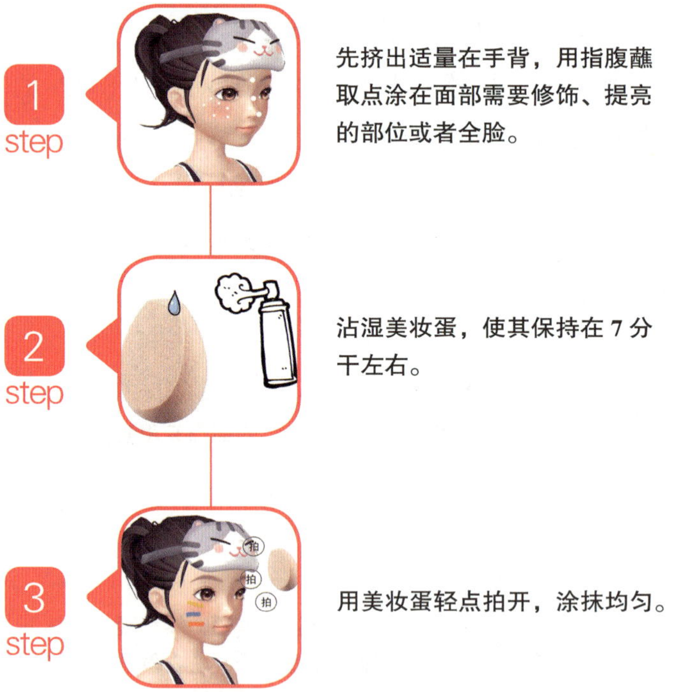

图 2－18　妆前乳用法

第三节　常用化妆工具及其使用方法

学习目标

1. 认识各种类型的化妆工具
2. 掌握常用化妆工具的使用方法

一、化妆刷

一套称手的化妆刷是化出精致彩妆的必备工具。各类化妆刷见图 2－19。

图 2－19　化妆刷

（一）散粉刷

散粉刷是套刷里面最大的一支刷子，用于全脸定妆，可节省散粉，使妆面干爽清透。

散粉刷的使用方法见图 2－20。

图 2－20　散粉刷的使用方法

（二）粉底刷

粉底刷用于均匀涂开底妆，让底妆更加服帖、自然。粉底刷有不同种类，见表 2－2。

表 2－2　粉底刷的种类

粉底刷	特点及使用效果
	像画笔一样的形状，刷头毛少、扁平，偏硬，不会过多吸取粉底液，妆感清透；适合稀薄粉底液及多次叠加的上妆方式；易产生刷痕。
	圆弧形刷头，毛量适中，硬度适中；可以吸取适量粉底液，妆感自然；适合较稀粉底液；比较容易出现刷痕。

续表

粉底刷	特点及使用效果
圆头刷 	刷头圆润，毛密实而紧凑、柔软，打圈涂抹，上脸舒适；可搭配质地相对浓稠的粉底液，吸粉较多；不易出现刷痕。
平头刷 	梯形刷头，毛短而整齐，毛质微硬；能很好地抓粉，可搭配质地相对浓稠的粉底液；易出现刷痕，但贴妆效果不错。

粉底刷的使用方法见图 2－21。

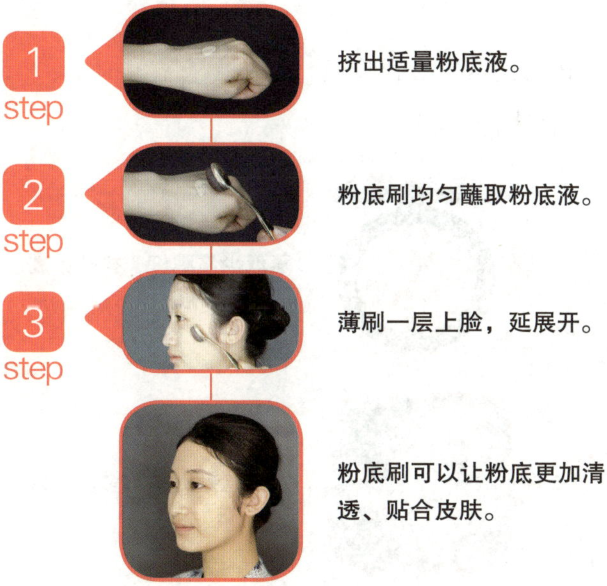

图 2－21　粉底刷使用方法

注意：在“step3”配合美妆蛋一起使用可以让妆面更完美。

（三）修容刷

修容刷主要用于粉状修容，修饰面部轮廓，打造面部阴影。可以修饰不同位置，包括侧影修容刷、鼻影刷等。

修容刷的使用方法见图 2－22。

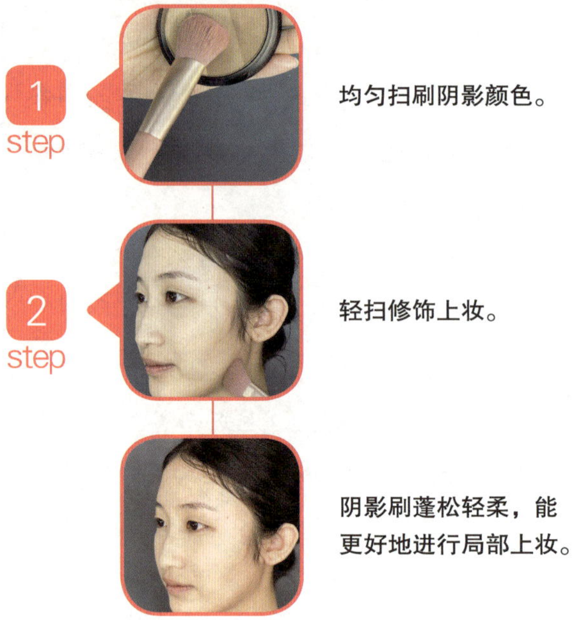

图 2－22　修容刷使用方法

（四）腮红刷

腮红刷用于将粉状腮红均匀扫到脸颊。

腮红刷的使用方法见图 2－23。

图 2－23　腮红刷使用方法

（五）眼影、眼线刷

眼影刷用来进行不同层次的眼影晕染。眼影刷种类多种多样，由大到小，差别细微，功能各不相同。

1. 大号铺色眼影刷（必备）

用于均匀地在眼窝处大面积铺色（见图 2－24）。

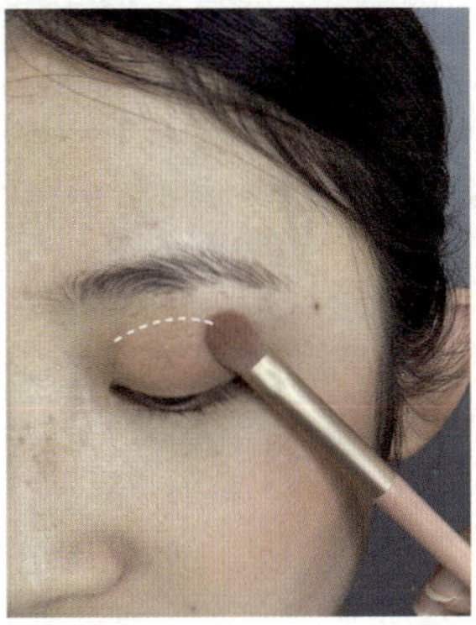

图 2－24　大号铺色眼影刷

2. 小号眼影刷（必备）

用于加深小范围眼窝的颜色晕染（见图 2－25）。

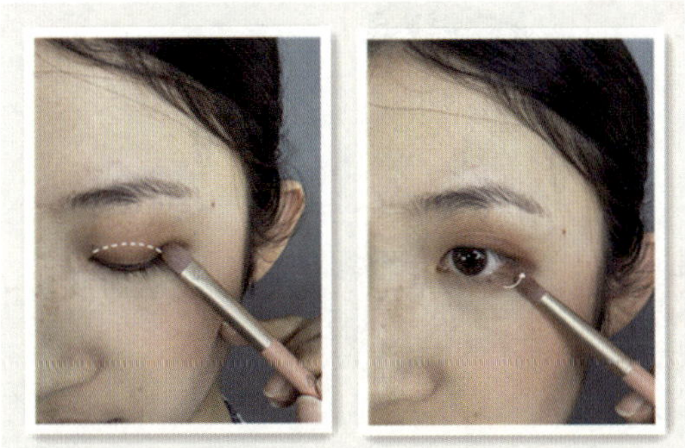

图 2－25　小号眼影刷

要少量多次蘸取眼影粉。如果一次蘸取太多，可以在蘸取后将粉抖掉。眼部皮肤比较敏感，建议选择毛质柔软不扎皮肤的毛刷。

想要化出一个简单基本的眼妆，预算又有限的话，买一把大号铺色眼影刷加一把小号眼影刷就可以了。

3. 其他眼部细节刷

晕染刷，可用于眼影层次叠加，刷头很小，形状为斜角、锥形。

眼线刷，可以蘸取眼线膏画出内外眼线（见图 2－26）。不宜选择太过柔软的刷子。

图 2－26　眼线刷

（六）眉刷

使用眉膏或者眉粉化眉时需要使用眉刷，上色较轻，可以将眉毛晕染得更加自然。

眉刷使用方法见图 2－27。

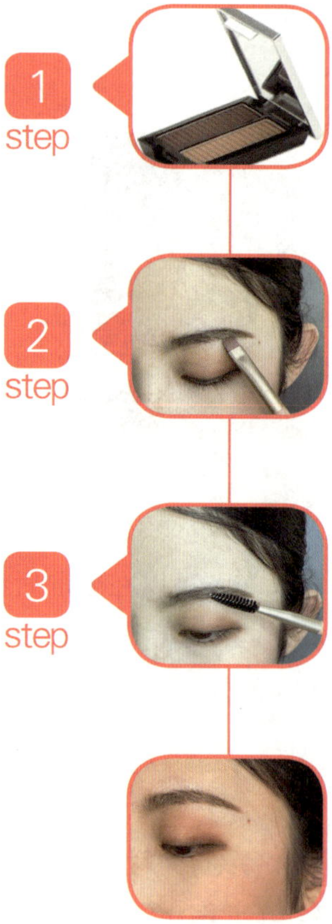

图 2－27　眉刷使用方法

（七）唇刷

唇刷有点类似于唇线笔的作用，用于勾勒唇形，化出精致唇妆。

唇刷的使用方法见图 2－28。

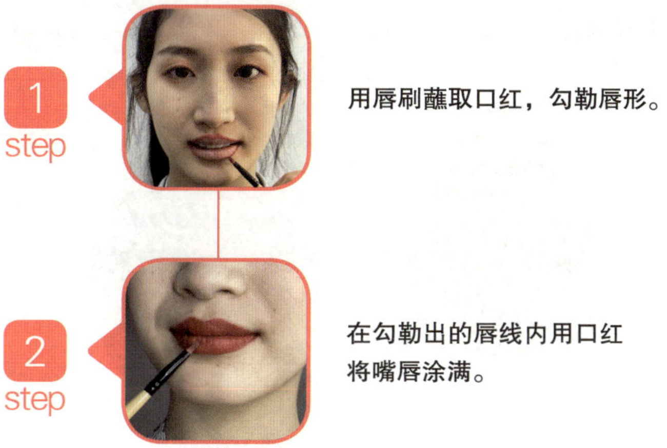

图 2－28　唇刷使用方法

（八）其他细节刷

遮瑕刷，用于蘸取遮瑕品遮盖面部瑕疵。

高光刷，用来蘸取高光品提亮面部局部，增强立体感。特点：毛质细软、蓬松。

鼻影刷，用于蘸取鼻影粉塑造鼻子的立体感，多为斜头刷。

小贴士：

为了方便取用刷子、保证刷子的卫生，需要做好刷具收纳。刷包（见图 2-29）、刷桶、刷架等都是不错的收纳工具。

图 2－29　刷包

二、美妆蛋

如果新手化妆时遇到以下这些问题：粉底液涂不均匀、修容膏涂抹不开、腮红太重不清透……那么，一颗美妆蛋可以帮你解决这些烦恼。常见美妆蛋的形状及用途见图 2－30、图 2－31。

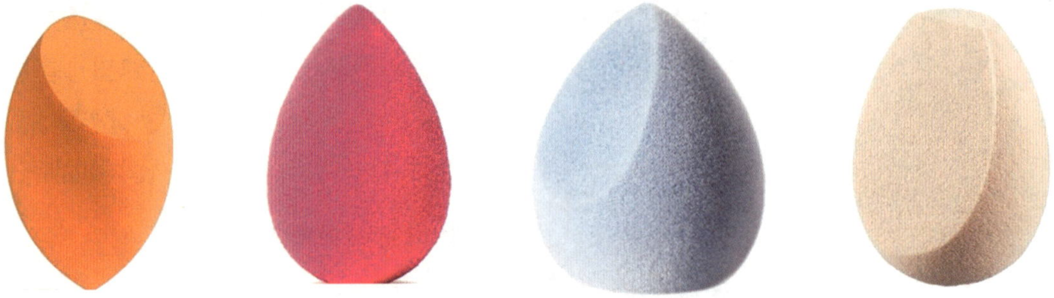

图 2－30　常见美妆蛋的形状

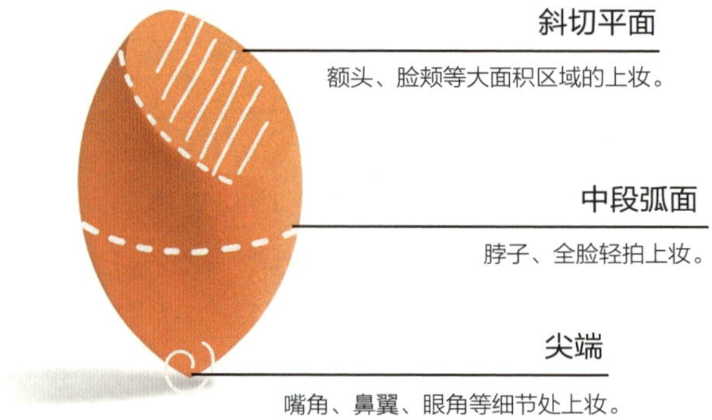

图 2－31　美妆蛋的用途

使用方法：美妆蛋在干湿状态下均可使用（见图 2－32）。使用前可以将美妆蛋沾湿，然后挤干到不滴水。7～8 分干的美妆蛋是最好用的，既不会因为过干拉扯皮肤，也不会因为太湿无法上妆。上脸时注意是拍开，不要扫涂。

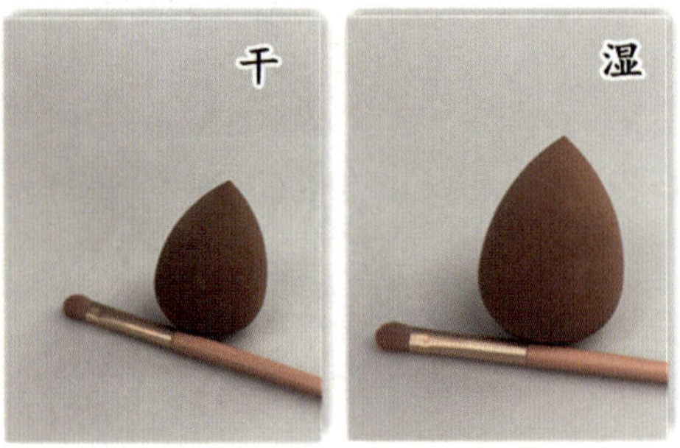

图 2－32　美妆蛋干湿对比

注意：因为美妆蛋是潮湿的，使用过后注意放在干爽通风的地方，以免滋生细菌。美妆蛋除了需经常清洗，也要记得定期更换。

三、眉剪＋修眉刀

这两者的搭配可以让杂乱无章的眉毛得到完美改造。

（一）眉剪

过长的眉毛会下垂，显得没有精神。眉剪可以精致地修剪过长或者过于浓密的眉毛，减轻眉毛的厚重感。

（二）修眉刀

修剪后的眉毛虽然没那么厚重，但是整体眉形依旧略显杂乱，小毛茬很难剪到，这时候就需要修眉刀（见图 2－33）来精修一下眉形。

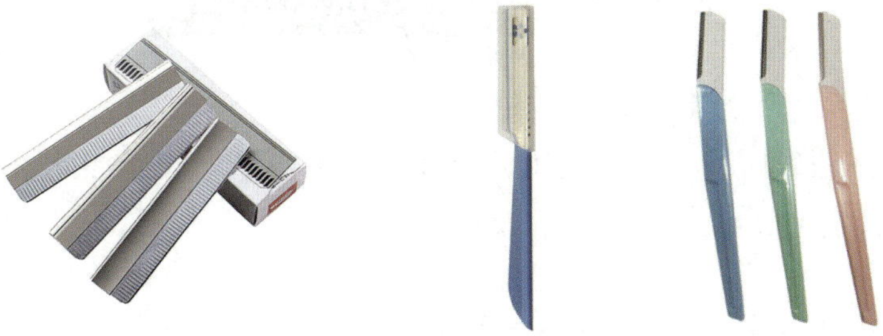

图 2－33　修眉刀

四、粉扑

（一）毛绒粉扑

除了可以用散粉刷蘸取定妆品定妆以外，毛绒粉扑也是不错的选择。

毛绒粉扑（见图 2－34）的质感是毛茸茸的，上手很柔软，尤其外侧的毛绒抓粉力很强，最适合粉饼、散粉的蘸取和使用。

图 2－34　毛绒粉扑

（二）海棉粉扑

海棉粉扑（见图 2－35）有多种形状，手感也各不相同。海棉粉扑不适合蘸取散粉定妆，它可以把粉底液铺得很均匀和服帖。很多专业化妆师都爱用这种粉扑，而且它还是干湿两用的，两种方式上妆可以呈现出不同的妆感。

图 2－35　海绵粉扑

注意：粉扑是消耗品，每天使用，上面的细菌不断增长，如此累积使用起来会危害肌肤健康，需要勤换洗。

练一练

请你准备一套属于自己的化妆工具吧！

第四节　化妆流程

学习目标

熟悉正确的化妆流程以及每种化妆品的特性

化妆流程是在护肤完成的基础上进行的后续化妆步骤。

护肤之后上妆，既能使妆容服帖，又能中和后续化妆品越来越明显的干燥感。如果不想让妆面看起来脏脏乱乱的，需要了解一般的化妆流程，见图 2－36。

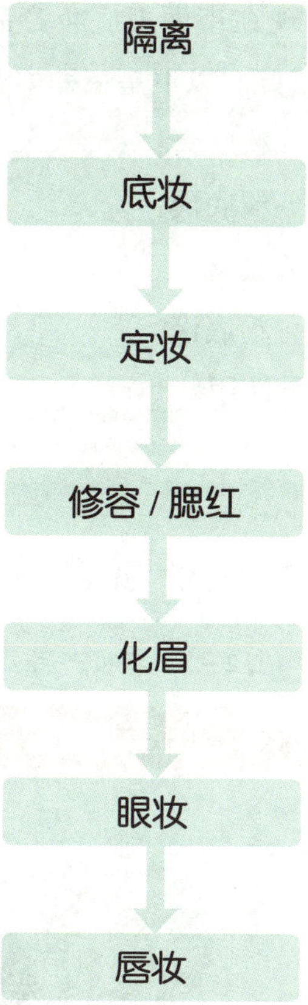

图 2－36　化妆流程

一、隔离

与妆前乳不同的是，隔离除了调节肤色外，还可以隔离一部分紫外线和后续彩妆的有害成分，因此隔离相对妆前乳会稍厚重一点，具备防晒和妆前乳的综合功能。

二、底妆

底妆用品包括粉底液、粉底膏、粉底霜等，见图 2－37。

图 2－37　底妆用品

三种类型的粉底各有千秋，现在市面上底妆产品做得很细，每种都有适合的肤质，所以大家根据个人需求挑选就好。以下是三种类型粉底的效果比较：

保湿效果：粉底霜 > 粉底液 > 粉底膏；

遮瑕效果：粉底膏 > 粉底霜 > 粉底液；

轻薄感：粉底液 > 粉底霜 > 粉底膏；

控油效果：粉底膏 > 粉底霜 > 粉底液。

粉底需要配合粉底刷或美妆蛋使用。

三、定妆

定妆产品包括粉饼、散粉、定妆喷雾，见表 2-3。

表 2-3　定妆产品

	粉饼	散粉	定妆喷雾
形态			
适合妆容	重要场合妆	日常妆	日常妆
妆感	妆感明显	妆感自然	妆感水润清透
控油力	控油力强	控油力较强	控油力一般
持妆	持妆持久	持妆较长	持妆一般
遮盖力	遮盖力强	遮盖力一般	无遮盖力

一定要定妆。让妆容干爽、粉底不油光、后续上妆干净不粘手的小秘密就在“定妆神器”里面。如果总是脱妆太快，那一定是忽略了这一步的结果。

定妆产品除了有色号之分以外，还有带珠光、微珠光、亚光等，可根据自己的妆容需要理性选用。当然，定妆产品的有效叠加还会出现意想不到的效果。

四、修容/腮红

修容和腮红是让我们的面部红润、立体的必要彩妆单品。

修容主要包括修饰棱角的暗影（咖色系）以及局部提亮的高光（亮白色），无论是粉状还是膏状，都是不错的选择。肤色较深，在修容时可以选择色调偏深一些的暗影；肤色较白，可以选择颜色相对浅一些的暗影，这样使用起来颜色过渡更加自然。相关产品有修容粉、修容膏等，见图 2－38。修容粉需搭配修容刷；修容膏需搭配扁头刷或美妆蛋。

修容粉　　修容膏

图 2－38　修容产品

腮红要根据自己的肤色和整体妆容及服饰穿戴进行搭配。相关产品有粉状腮红、液体腮红、膏状腮红，见图 2－39。粉状腮红需搭配腮红刷；液体腮红和膏状腮红需搭配美妆蛋。

粉状腮红　　液体腮红　　膏状腮红

图 2－39　腮红产品

五、化眉

化眉用品包括眉笔、眉粉、染眉膏（见表 2－4）。

表 2－4　化眉工具及使用方法

	眉笔	眉粉	染眉膏
形态			
使用方法及特点	 直接使用，线条硬朗，使眉毛根根分明。	 搭配眉刷使用，雾面效果，柔和渐变。	 搭配眉刷使用，顺滑多变，可描边、可晕染。
颜色	有灰、深棕、红棕、浅棕、黑、灰黑等，可根据自己的发色和妆容需要选择。		

这些化眉单品不仅可以单独使用，也可以叠加搭配使用。例如，眉笔与眉粉搭配使用，用眉笔勾勒精致眉形，用眉粉填涂其余部分，显得眉毛既干净又自然。大家可以多尝试一下，最后找到最顺手的化眉方式。

很多人都觉得多彩的眼影、口红是化妆的精髓，而实际上化眉才是整个妆容的重中之重！不同的眉形可以直接决定整个妆容的风格，还能修饰脸型、改善精神状态等，有时候比修容的作用更明显。不同眉形见图 2－40。

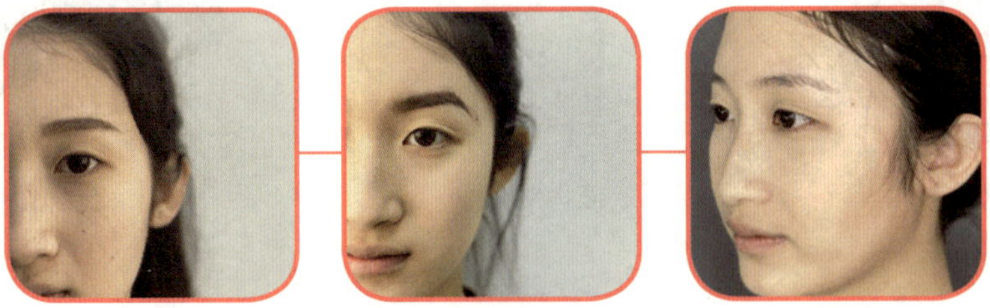

平眉　挑眉　无眉

图 2－40　不同眉形

六、眼妆

眼妆产品包括眼影、眼线、睫毛膏，见表 2－5。

表 2－5 眼妆产品

	种类	特点	妆示
眼影	 眼影粉	颜色多样，根据想要的妆面整体主色、服饰及肤色选择。	
	 眼影膏  眼影液	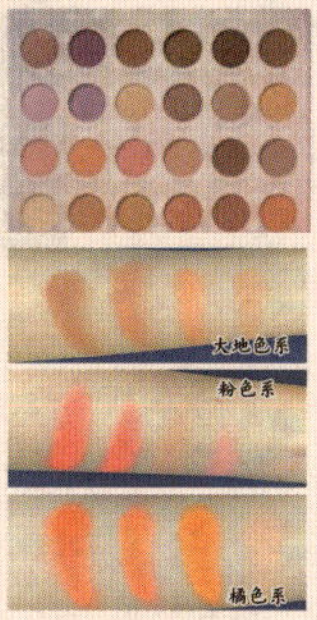	
眼线	 眼线笔	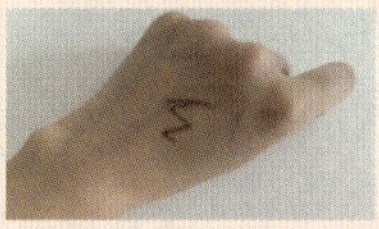 简单易学，好用自然，一般晕染。	眼妆的各个单品相互搭配，再结合化妆手法，可以组成各种风格的眼妆。 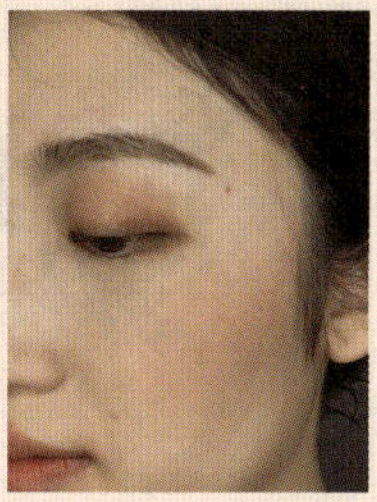
	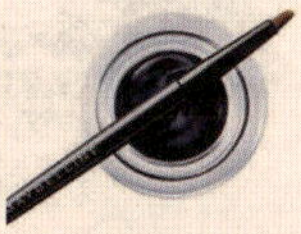 眼线膏	 顺滑，一般晕染，需搭配刷子使用。	
	 眼线液	 不易掌握，顺滑好上色，不易晕染。	
睫毛膏	 浓密型、纤长型、防水型	常见颜色有棕、黑色等。	

七、唇妆

唇妆用品有唇膏、唇釉、染唇液等，见图 2-41。

唇膏　　唇釉　　染唇液

图 2-41　唇妆用品

整个妆容的点睛之笔，大概就是双唇上那一抹色彩。加上这一点色彩，可能会让你的妆面更加灵动，令你容光焕发。

不管是哪一种类的唇妆用品，都会有亚光感、半雾面感、保湿感、滋润感、镜面感等之分，见图 2-42。

亚光感　　半雾面感　　镜面感

图 2-42　唇妆效果

大家根据自己的肤色、喜好、妆容或者航空公司的要求来选择即可。

注意： 很多航空公司对空乘人员的唇妆的色号都有具体规定。

为了使妆容更加精致，可以使用唇刷来进行唇部的上色晕染。不同类型和色彩的唇妆单品叠加使用也会有意想不到的效果。

复习与思考

1. 通过练习，熟练掌握正确的化妆流程。
2. 掌握各种化妆品的特性和使用方法。

第三章

空乘人员基本妆面设计

本章主要引导学生尽可能根据自身个性化面部特点，选择并运用化妆技法，完成适合自己并符合职业形象规范的妆容。通过对完整妆面的拆分式讲解，让学生切实掌握不同部位的化妆要领，同时对不同化妆工具的使用更加得心应手。希望学生能够利用化妆技法改善自己面部的不足，扬长避短，适当地美化自己，对自己的职业形象更加自信。

第一节　空乘人员的妆容规范与要求

学习目标

熟悉乘务人员的妆容规范与要求

每位乘务员在上岗时除了统一的着装外，与之相配的职业妆容也是必不可少的。每个航空公司会有体现自己公司特点的对应制服的特色妆容。精致的妆容，既体现乘务员的专业性、纪律性，也表现乘务员对这份职业和乘客的尊重。

每个航空公司的妆容设计各不相同，有些突出色彩，有些突出眼妆，等等。不论哪一种风格，整体妆面都要以简约、端庄、大方、有亲和力为原则。过于浓重或个性的彩妆会使妆面丧失端庄感和整洁感；过于素雅的妆面又会显得人气色不好、精神不佳。

第二节　空乘人员化妆技法

学习目标

1. 了解不同底妆的化法，并熟练地完成不同底妆
2. 根据自己的脸型进行修容
3. 根据自己的脸型完成一个完整的眉形
4. 根据自己的制服，搭配并完成适合自己的眼妆
5. 独立完成一个属于自己的空乘人员妆面

一、精致底妆

作为空乘人员，因为工作性质的特殊性，经常需要长时间带妆为乘客服务，这对妆容的持久和整洁带来了极大的挑战，脱妆是空乘人员最担心的问题。下面介绍长久持妆的底妆化法。

（一）完美遮瑕雾面底妆

遮瑕底妆步骤见图 3－1。

指尖蘸取粉底液，由内而外点涂在脸颊、额头、鼻子、下巴上。
工具：粉底液

用美妆蛋将粉底均匀拍开至全脸。
工具：7 分干美妆蛋

基础底妆完成后，面部有斑点或黑眼圈的地方，可以用刷子蘸取适量遮瑕液，轻点需要遮盖的位置，然后用美妆蛋均匀拍开。
工具：遮瑕刷、遮瑕液、美妆蛋

用粉扑蘸取适量定妆粉，以按压方式对 T 字区、额头、眼周、脖颈以及容易出油的区域进行定妆。
工具：粉饼、粉扑

图 3－1　遮瑕底妆步骤

（二）持久防汗亚光底妆

打造防汗亚光底妆需用到定妆喷雾（上底妆前）、美妆蛋、定妆粉，见图 3－2。

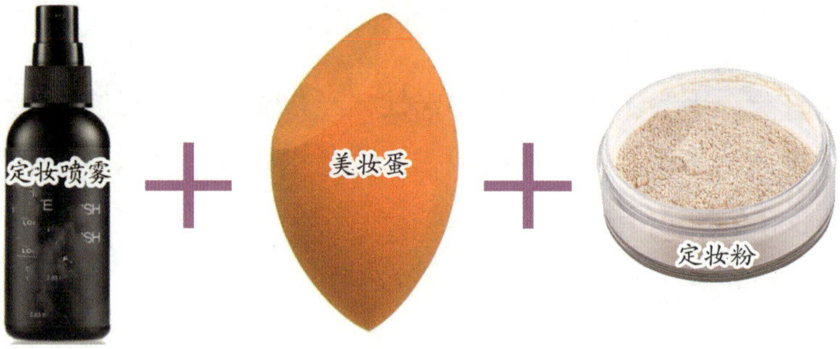

图 3-2　防汗亚光底妆用品

练一练

尝试不同底妆的化法，选择最适合自己的底妆。

二、巧用修容

每个人的脸型都是不一样的，都有着各自的特色和优缺点，想要让自己的脸型得到自然的修饰调整，修容是必不可少的。修容，指的是利用比肤色深的暗影和比肤色浅的高光的修容产品，结合面部特点和想要达到的效果，通过明暗的对比打造面部立体感。

（一）圆脸修容

暗影：选取比肤色深 2 个度。

高光：选取比肤色浅 2 个度。

用到的工具是刷子和美妆蛋。

圆脸之所以显得脸比较大是因为脸颊两侧突出，因此修容的原则是在视觉上集中五官，突出中间竖直区域，拉长脸型，隐藏面颊两侧区域。

暗影：从耳垂位沿着下颌刷到下巴、鼻梁。

高光：刷在额头（倒三角）、鼻梁、鼻头、下巴（倒三角），见图 3-3。

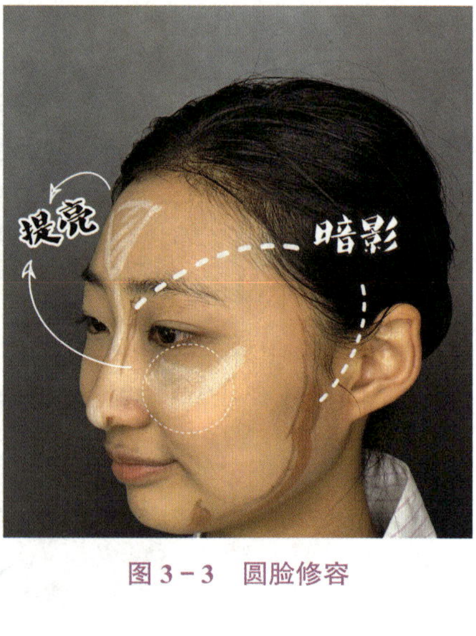

图 3-3　圆脸修容

小贴士：

如果选取修容膏，最好是在上完粉底后、散粉定妆前进行修容，这样面部比较润泽，修容膏易推开，也更加自然。

练一练

知道了圆脸的修容方法，那么下颌骨突出的方脸型应该如何修容呢？自己动手试试吧！

（二）面部立体感修容

亚洲人的面部线条是比较柔和的，但同时也较为扁、平，尤其是在底妆上完以后，整个面部像一张“大白饼”，失去了特点和精致感。因此我们可以通过修容方法来使原本不突出的局部凸显出来，而把想要虚化的部位隐藏起来。

暗影：选取比肤色深 2 个度。

高光：选取比肤色浅 2 个度。

用到的工具是刷子和美妆蛋。

原则是通过明暗对比突出骨头部位，使面部棱角更加鲜明。

暗影：下颌线、颧骨下方、鼻影、额头侧方。

高光：骨相突出的部位，包括额头、眉骨、颧骨、鼻梁、鼻头、下巴，见图 3－4。

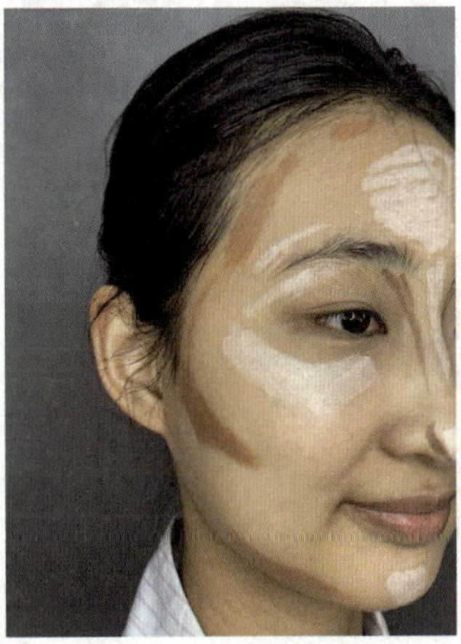

图 3－4　面部立体感修容

小贴士：

具体修容要视自己的面部特点而定，如果鼻梁比较高挺或者颧骨较高，可以适当略去此步骤或者调整修容位置。

（三）腮红修容

很多人都觉得腮红不太重要，认为腮红的作用只不过是让原本苍白的皮肤有些颜色罢了，却不知道腮红其实也属于修容的重要步骤。通过各色腮红搭配手法，完美地过渡修容的边界感，使肌肤透出自然的红润。

对于空乘人员来说，好的气色意味着精神饱满的工作状态。如果气色不好，就是对乘客的不尊重。空乘人员每一次执行工作都会长时间带妆，需要腮红颜色打得比日常重一些。

1. 粉状腮红化法

工具：腮红刷、粉状腮红（见图 3－5）。使用位置在太阳穴到颧骨处（见图 3－6），适合所有脸型。粉状腮红应该在定妆后进行上妆，营造亚光感的妆容。

图 3－5　腮红工具

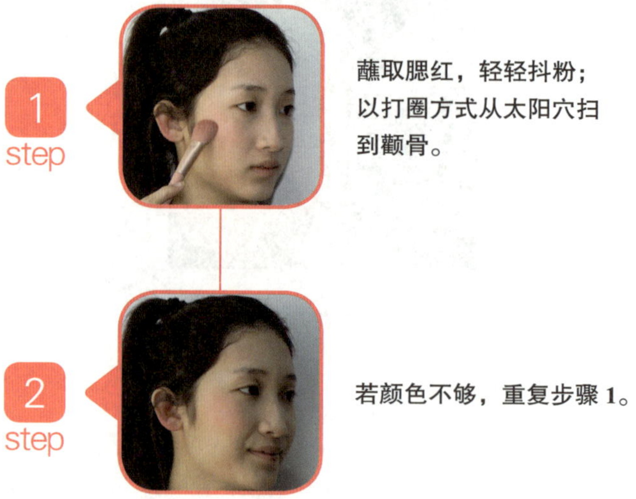

图 3－6　粉状腮红化法

2. 膏状腮红化法

工具：7 分干的美妆蛋、膏状腮红。在定妆前上妆，利用底妆的微微湿润感轻松推开腮红膏，营造自然透出的腮红效果（见图 3－7）。

1 step

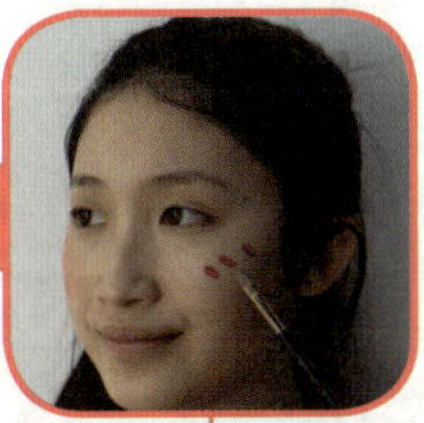

用手指或刷子蘸取适量腮红膏，点涂在眼尾、颧骨处。

工具：腮红膏、遮瑕刷

2 step

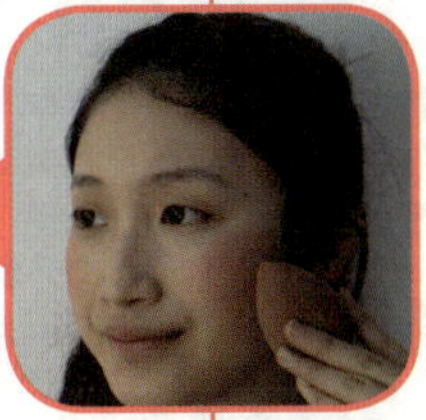

用蘸湿的美妆蛋轻轻拍开，如果颜色不够，则重复步骤 1、2。

工具：7 分干美妆蛋

3 step

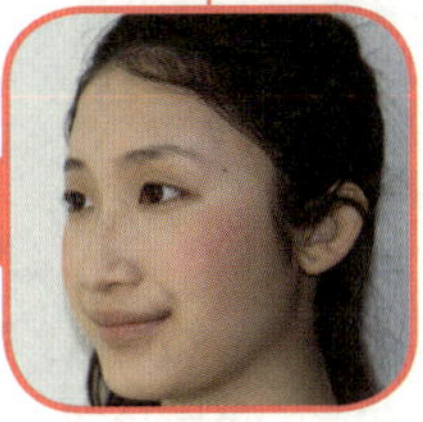

用散粉定妆，完成妆面。

工具：散粉、散粉刷

图 3－7 腮红膏化法

根据不同脸型和个人喜好，大家可以尝试适合自己的腮红化法，见图 3－8。

1 step

苹果肌腮红

是不挑脸型的化法，微笑，找到苹果肌的位置，以打圈方式晕染腮红。效果自然、减龄。

2 step

“晒伤”腮红

从面颊过渡到鼻梁，显得害羞而纯朴，不太适合正式场合。

图 3－8 其他腮红化法

练一练

1. 给自己进行修容。

2. 尝试不同的腮红化法，看看自己最适合哪种，并把不同的腮红类型和对应的穿搭风格整理出来。

三、化眉与修眉

不同眉形可以让同一张面孔营造出不同的个人气场。很多时候，一副漂亮的眉毛可以起到协调五官的作用，让整个妆面看起来十分和谐。

（一）自然基础眉形化法

一个眉形包含眉峰、眉头和眉尾，看起来才会漂亮。基础眉形化法见图 3－9。

先确认大致眉形，找到眉峰和眉头，在眉毛下侧轻轻画一条弧线。
注意：眉头处低，眉峰处高。

连接眉峰和眉尾，画一条弧线。
注意：眉尾最低处不低于眉头。

将眉头和眉尾部分连接完整，
完善眉形。
注意：眉头稍宽，越到眉尾越细。

在眉毛上侧轻轻画一条弧线，将眉头、眉峰和眉尾连接完整。

用眉笔轻轻填补颜色，并用眉刷沿着眉毛方向进行梳理。

图 3－9　基础眉形化法

最后的呈现基础眉形效果见图 3－10，是不是很自然呢？

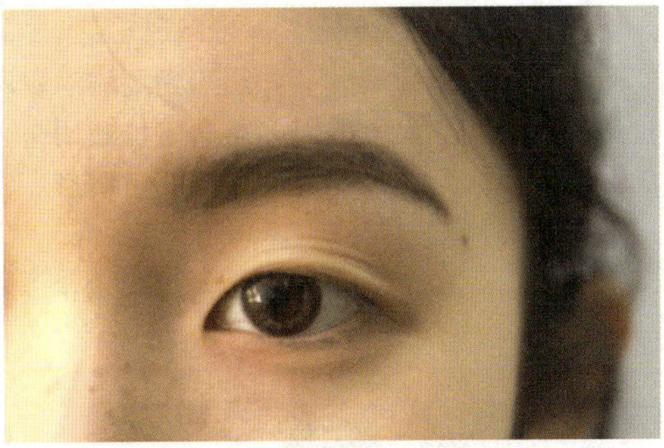

图 3－10　基础眉形效果

（二）简单修眉

大多数人的眉毛会显得杂乱无章，还与面部轮廓不匹配，常常在化眉的时候受到影响，给妆面扣分。有的人会选择到美容店里去修眉，但是眉毛长得很快，常常过不了 1～2 个星期就会长出来，去美容店不仅浪费时间，花费也不少。建议新手可以这样做：如果对自己没有信心不敢下手的话，可以先去店里修出适合自己的眉形，然后依照这个眉形，自己修剪掉多长出的部分，简单快捷又省事。修眉步骤见图 3－11。

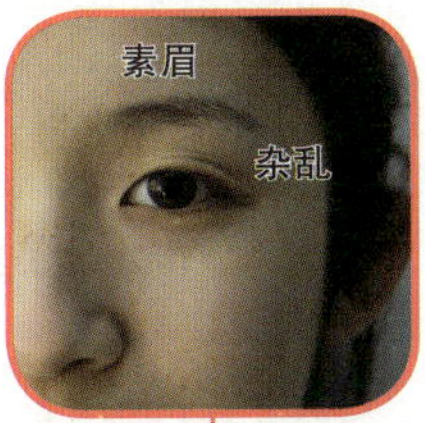

准备工具：
修眉刀、修眉剪、小镊子。

1 step

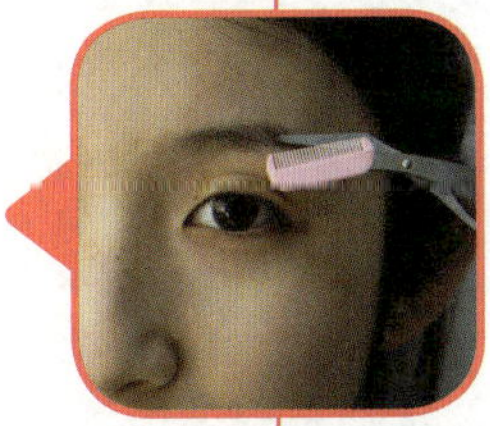

修剪掉过长、过厚的眉毛。

2 step

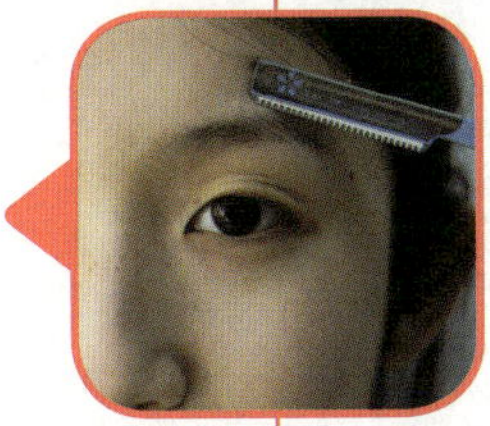

用修眉刀轻轻刮掉毛茬杂乱的部分，大体整理出眉形。

3 step

一些不好刮的杂毛可用小镊子一根一根拔掉。

最后用眉刷沿着眉毛轻轻梳理均匀，检查一下眉形。

完成修眉。

图 3－11 修眉步骤

（三）选择适合的眉形

1. 粗平眉

粗平眉只有长脸型可以驾驭，可以很好地分割五官区域，在视觉上缩短面部的长度，产生减龄效果（见图 3－12）。不适合圆短脸。

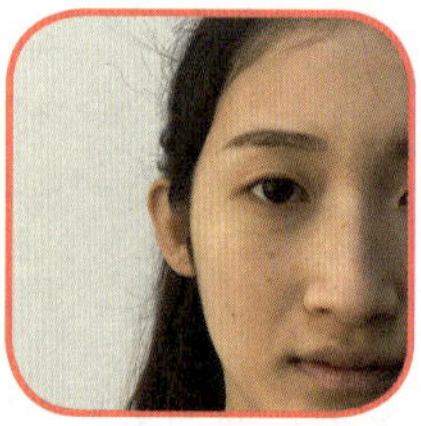

粗平眉
特点：基本没有弧度，显得无辜可爱。适合长脸型，缩短面部长度，产生减龄效果。

图 3－12 粗平眉

2. 欧式眉

欧式眉适合圆脸型，上挑的眉毛增加的弧度，可以产生拉长脸型的效果，还能显得更精神（见图 3－13）。

欧式眉
增强面部立体感，眉峰高、眉尾低。适合圆脸型。

图 3－13 欧式眉

练一练

修整自己杂乱的眉毛，按照眉形走向化出适合自己的眉形。

四、魅力眼妆

完美的眼妆除了能放大双眼，还可以增加眼睛的神采。这就需要我们通过**眼影、眼线、睫毛**这三个部分来完成整个眼妆。

空乘人员在妆容上有着自己的职业原则和标准。上一章我们提到的基本原则：端庄、大方、自然，是首先要遵循的原则。因此，烟熏妆、欧美妆（见图 3-14）这类比较夸张的眼妆是不适合空乘人员的。

图 3-14　烟熏妆、欧美妆

（一）眼妆定色

决定眼妆主色的就是制服的颜色。由于各个航空公司都有自己的制服特色，例如红色系制服、蓝色系制服、粉色系制服等。因此，眼妆颜色也不能太随心所欲。

知识拓展

常用眼妆色系

1. 大地色系

（1）化妆新手首选。

（2）适合大多数色系的制服，能提升稳重感和专业感。

（3）如果自己不会搭配颜色，建议选择 4 色、3 色、2 色等已经搭配好的眼影盘，可以直接上手。

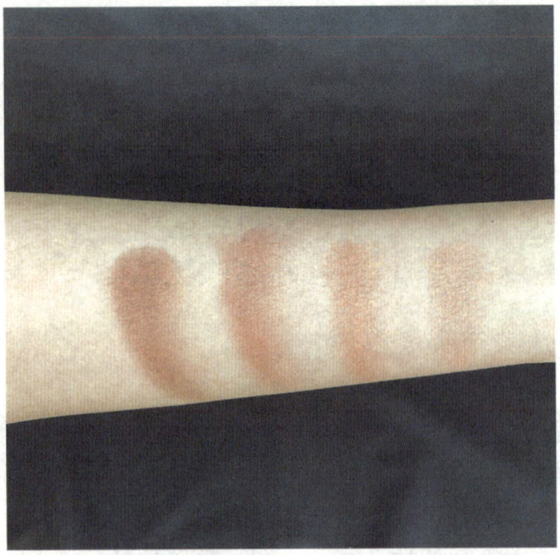

大地色系眼影

2. 粉棕色系

（1）让人放松的温柔色系。如果觉得大地色太严肃，这类色系也是很不错的。

（2）适合搭配粉色系制服、藏蓝色系制服等。

（3）如果自己不会搭配颜色，建议选择4色、3色、2色等已经搭配好的眼影盘。

（4）这类眼影色系多为低饱和度，不建议选择色泽浓艳的粉色。

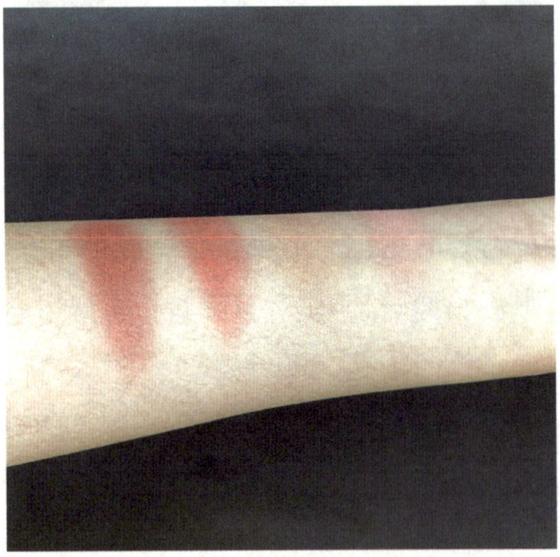

粉棕色系眼影

3. 橘粉色系

（1）活泼减龄的青春色系，是很多年轻空乘人员都爱用的颜色。

（2）新手慎入，越是看起来简单的颜色反而越不容易上手，粉色和橘色虽然看起来好看，但是如果颜色晕染不好很容易显得不自然。

（3）不建议选择饱和度太高的颜色。

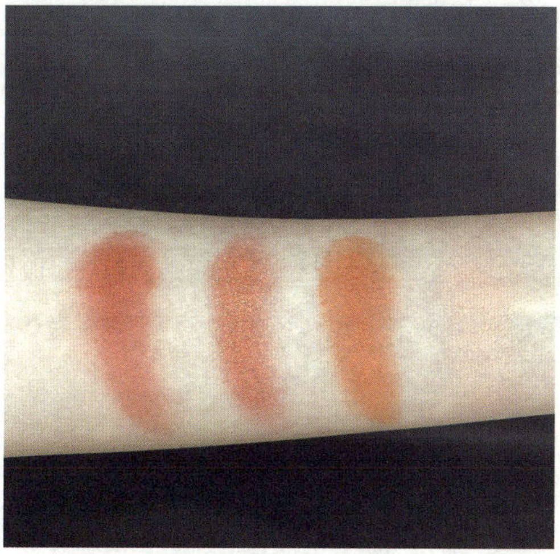

橘粉色系眼影

（二）眼妆步骤

这里以大地色系眼妆为例介绍眼妆步骤（见图 3－15）。

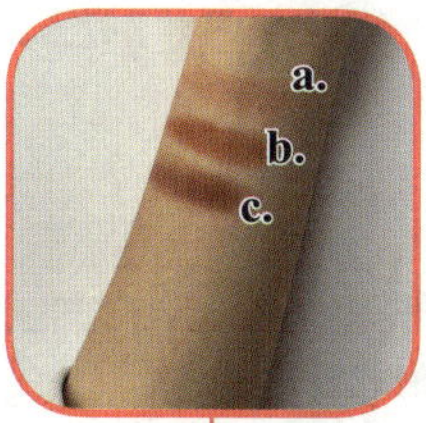

选择 **3** 色眼影盘。

1 step

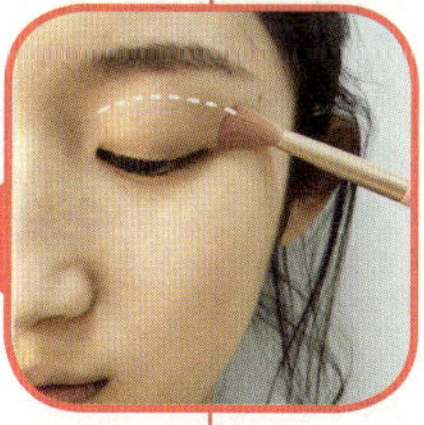

用大号眼影刷蘸取适量 **a** 色，轻扫在图中标出区域（眼窝处）。先用浅色打底，便于后续晕染上色。

2 step

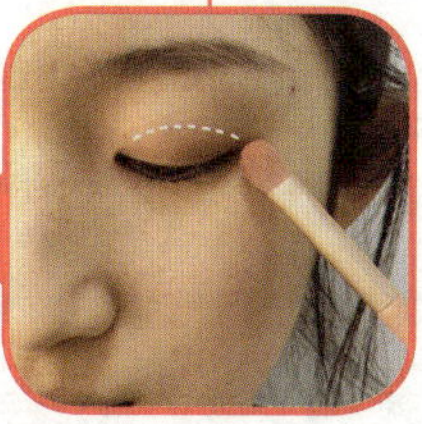

换一把刷头稍小的刷子，蘸取适量 **b** 色（亚光浅咖啡色），从睫毛根部晕染至整个图中标出区域，由深到浅，打造双眼立体感。

方法：少量多次取粉。主色决定了整体眼妆风格，注意搭配整体服饰进行选择。

3 step

用细节刷蘸取颜色 c，进行双眼皮褶皱部分的加深。注意从眼尾向前晕染，即眼尾深、眼头浅。

4 step

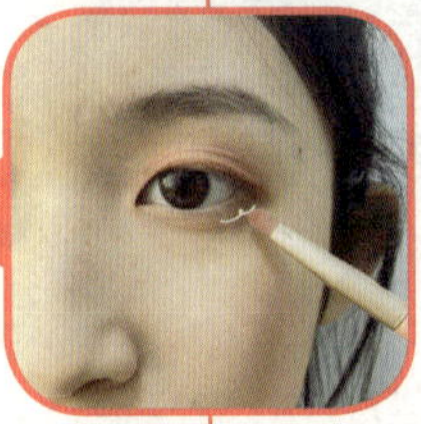

下眼睑同理，颜色稍微带过即可，上色略浅于上眼睑，起到过渡作用。

5 step

选用棕色眼线膏。蘸取适量眼线膏，仔细填补睫毛根部的空隙，描出一条自然的内眼线。注意不要留白。

6 step

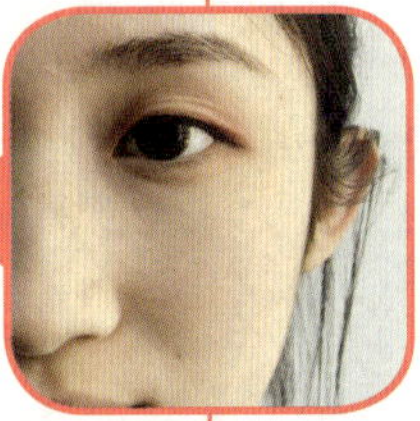

描完可以睁眼看一下，如果觉得一层眼线不够明显，可以紧贴刚刚的内眼线重复该步骤，继续加深、加粗眼线。

7 step

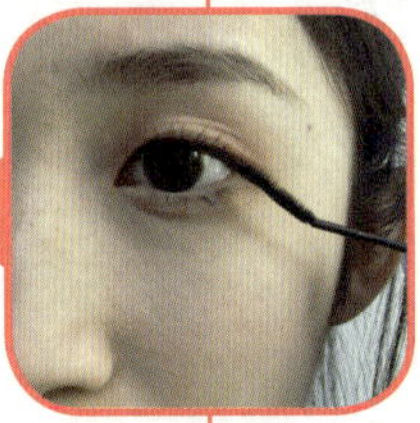

沿睫毛根部呈“Z”字形向上刷睫毛膏，确保每一根睫毛均匀刷上睫毛膏。
下睫毛同理。
可以看到睫毛明显加长、更浓密。

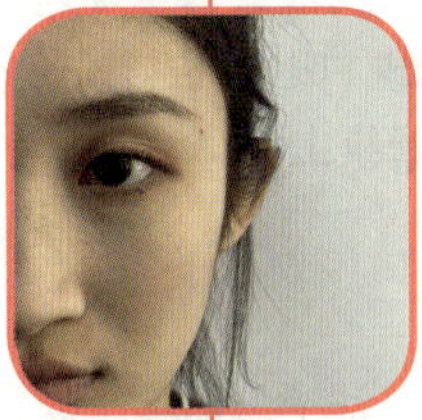

眼妆完成。
睁眼效果。

闭眼效果。

图 3－15　眼妆步骤

练一练

请依照学习过的眼妆化法，搭配不同的制服颜色，尝试完成粉棕色系或者橘粉色系的眼妆。要求：

1. 主体颜色符合职业要求并与制服色系匹配。
2. 眼妆干净，色彩搭配合理，眼影晕染自然。
3. 眼妆完整，包含眼影、眼线与睫毛。

五、明艳唇妆

我国空乘人员的唇妆颜色以红色系为主，不管是大红、豆沙红还是橘红、粉红，都是红色调占主导地位，显得有气质又正式。

唇妆步骤见图 3－16。

1 step

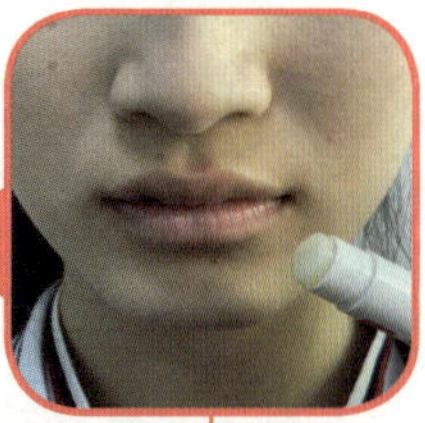

先涂一层润唇膏，保持唇部滋润，避免干纹、起皮。

2 step

唇部遮瑕、打底，便于凸显口红颜色。如自身唇色深需进行遮盖，唇色浅可不做遮盖。

3 step

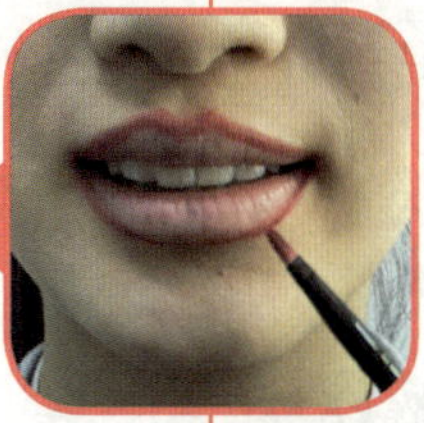

找到唇峰，用唇刷蘸取口红描绘出整个唇部轮廓。

4 step

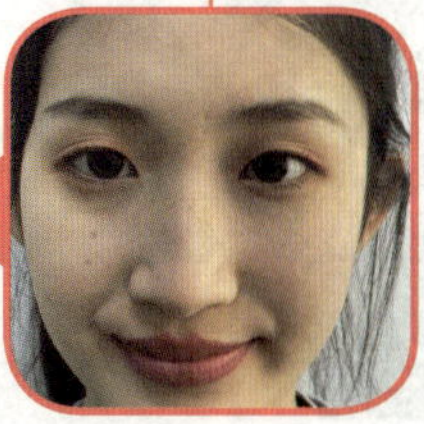

用口红沿着刚刚描绘出的轮廓，涂满整个唇部。第一层上色，通常颜色较为自然、较浅。

5 step

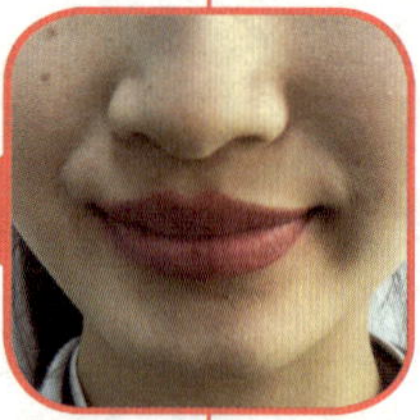

再次将口红涂满整个唇部，使得颜色更加饱满。注意唇部内侧也要涂满，以免张嘴时露出唇部内侧肉色部分。

6 step

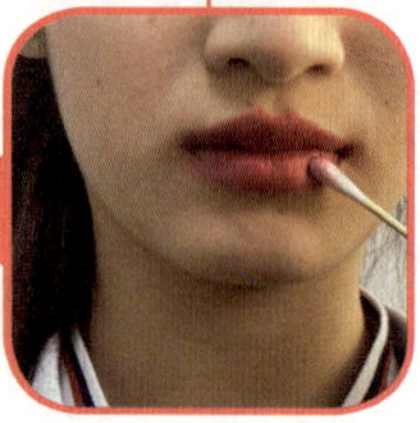

最后可以用棉签修饰刚刚涂抹不均匀的位置。

图 3－16　唇妆步骤

练一练

尝试按照自己的唇形完成唇妆。

六、基础妆面

（一）女士妆面：温柔端庄

特点：不可太浓烈，也不能太寡淡。该有的颜色要有，该突出的地方要突出。重点是妆面干净、精致。

（二）男士妆面：阳光稳重

特点：注重修饰眉形，务必妆面干净，可适当修容，增加立体感。男士基础妆面见图 3－17。

图 3－17　男士基础妆面

（1）工具：粉底、眉笔、修容。

（2）底妆：亚光感持妆强的底妆，涂抹时只蘸取薄薄一层，稍微修饰即可，不要妆感太重。

（3）修容：脸型、眉骨、鼻梁，增加面部的棱角感，显得干练。

（4）眉形：粗剑眉。

（5）抓抓头发，让自己更利索。

复习与思考

1. 空乘人员的妆面设计都有哪些标准？

2. 请搭配不同的制服为自己设计合适的妆容。

第四章

空乘人员的制服

本章主要讲解空乘制服的种类、基本要求、色彩分类以及适合搭配的妆容和配饰，以图片的形式直观地展示不同颜色的制服应搭配何种妆容、发型和配饰。

第一节　空乘制服的种类及着装规范

学习目标

1. 了解空乘制服的种类
2. 掌握空乘制服的着装规范
3. 培养职业规范，增强职业意识

一、空乘制服的种类

（一）男士制服的种类

（1）春秋装：长袖衬衫、马甲、制服外套、裤子、深色长袜、单皮鞋。

（2）夏装：短袖衬衫、马甲、裤子、深色长袜、单皮鞋。

（3）冬装：风衣、羊绒大衣、皮靴、长袖衬衫、马甲、制服外套、裤子。

（4）与制服配套：帽子、领带、肩章、手套。

（二）女士制服的种类

（1）春秋装：长袖衬衫、马甲、制服外套、裙子、长筒丝袜、单皮鞋。

（2）夏装：短袖衬衫、马甲、裙子、长筒丝袜、单皮鞋。

（3）冬装：风衣、羊绒大衣、靴子、长筒毛袜、长袖衬衫、马甲、制服外套、裙子和裤子。

（4）与制服配套：丝巾、帽子、围裙、手套。

（三）女士制服的样式

1. 分体（衬衫＋裙子）

衬衫的种类有很多，如：纯色衬衫、印花衬衫、斜扣式衬衫等。

裙子的样式有过膝裙、一字裙等。

2. 连体（西装裙）

连体的西装裙一般会配一条腰带，腰带的颜色随服装颜色进行搭配。

3. 旗袍

旗袍袖口多采用七分袖，简洁大方，增加干练感。裙型多为郁金香型，不仅可以凸显女性曲线美，又能增加优雅的气质，兼具美观和实用功能。

以上三种制服基本上囊括了所有女士空乘制服的样式。无论哪种空乘制服，都要遵循简洁、大方、修身的原则，在凸显身体线条的同时还要考虑行动方便。所以我们在选择制服的时候，切记要选择合身不紧绷的，这样既美观又不会影响工作中的动作。

二、空乘制服的着装规范

（一）女士制服的着装规范

（1）工作期间须穿制服，要始终保持制服的干净整洁、挺括、尺寸合体、没有破损、没有污迹、纽扣齐全。

（2）穿制服的要求：衬衣下摆系在裙服腰内，外套、马甲纽扣齐全。

（3）长筒袜：统一穿航空公司规定色系的长筒袜，确保无破损。

（4）皮鞋：干净光亮、无破损。通过候机楼大厅到飞机起飞前穿高跟皮鞋，平飞后穿平跟皮鞋。

（5）风衣、大衣：必须纽扣扣齐、系好腰带。

（6）帽子：与制服配套，戴在眉毛上方 1 ～ 2 指位。

（7）围裙：保持干净整洁、无褶皱，空中供餐饮时佩穿。

（二）男士制服的着装规范

（1）工作期间须穿制服，要始终保持制服干净整洁、挺括、尺寸合体、没有破损、没有污迹、纽扣齐全。

（2）穿制服的要求：衬衣不可袒胸露背，衬衣下摆系在裤腰内，外套、马甲保持挺括，扣好纽扣。

（3）裤子：干净、平整，没有污迹、破损，不可挽裤脚。

（4）领带、肩章：正确佩戴，保持干净、挺括。

（5）袜子：统一穿航空公司规定的单一色系袜子，无破损、无异味。

（6）皮鞋：干净、光亮、无破损、无异味。

（7）风衣、大衣：穿戴时必须系好纽扣。

（8）帽子：航徽端正，帽子端正。

（三）空乘制服的着装要求

（1）无论何时何地，都自觉维护制服的尊严，保持自律。

（2）始终保持制服干净整洁、挺括、没有异味、没有污迹，袜子没有破损。

（3）制服应定期清洗、熨平，不可有褶皱，围裙没有污迹，皮鞋光亮。

（4）按规定着装，冬夏装不可混搭，不可把个人衣服和职业装混搭或替代穿着。

（5）不能穿着制服出席与本职工作无关的场合或其他公共活动。

（6）女士空乘人员在候机楼不能穿裙子奔跑。

（7）女士空乘人员要准备至少两双丝袜，以便丝袜破损时及时更换。

（8）不要在口袋里放太多物品。

练一练

1. 说出空乘制服的着装规范。
2. 对照空乘制服的着装规范整理自己的着装，完成组内互评。

第二节　空乘制服的色彩处理

学习目标

1. 了解色彩的基本知识
2. 理解色彩的种类以及不同颜色给人们带来的感受
3. 掌握色彩搭配的规律以及不同光照下妆容的选择

一、色彩的基本知识

（一）色彩的原理

1666年，牛顿用三棱镜分解太阳光，发现它由红、橙、黄、绿、青、蓝、紫等许多不同色光组成，是一种电磁波，具有波长。

英国心理学家杨格于1802年提出三原色（见图4-1）说。他发现混合红、绿、蓝三色光可得到各种不同的色彩。

原色，又称基色，即用以调配其他色彩的基本色。原色的色纯度最高、最纯净、最鲜艳，可以调配出绝大多数色彩，而其他颜色不能调配出三原色。

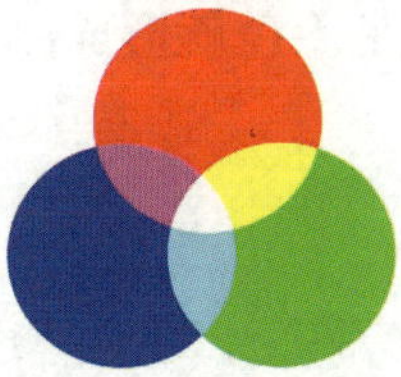

图 4－1 三原色

（二）色彩的种类

1. 按色相分

（1）无彩色。

无彩色是指光谱上没有的色彩，如黑、白、灰。光谱上并没有黑色、白色、灰色，在实际运用时，无彩色有积极的作用。无彩色中加入有彩色就变成了有彩色。无彩色能够协调有彩色。

（2）有彩色。

有彩色是指光谱中反射出来的有冷暖变化的色彩，如红、橙、黄、绿、青、蓝、紫等。

（3）独立色。

独立色是指印刷中的特别色，如金、银、荧光色等。

2. 按应用原理分

（1）美术三原色：红、黄、蓝。

美术三原色组成了六色体系：红、黄、橙、绿、蓝、紫。

（2）色彩色光三原色：加色法原理。

人的眼睛是根据所看见的光的波长来识别颜色的，因此光谱中的大部分颜色可以由三种基本色光按不同的比例混合而成，这三种基本色光的颜色就是红、绿、蓝三原色光。这三种色光以相同的比例混合且达到一定的强度，就呈现白色；若三种色光的强度均为零，就是黑色。这就是加色法原理，加色法原理主要应用于电视机、监视器等主动发光的物体中。

（3）色彩颜料三原色：减色法原理。

在印刷、油漆、绘画等靠介质表面的反射被动发光的场合，物体所呈现的颜色是光源中被颜料吸收后所剩余的部分，所以其成色的原理叫作减色法原理，主要应用于各种被动发光的场合。在减色法原理中的三原色颜料分别是黄、品红和青。

3. 按来源分

固有色、光源色、环境色是色调的三要素。色调是物体总的色彩感觉和效果。其形成与光的照射、物体的固有色、环境色的相互映衬分不开。光源色、物体的固有色是暖色就形成暖色调，光源色是冷色就形成冷色调；光线强就形成亮色调，光线弱就形成暗色调。

（1）固有色。

固有色是指物体固有的属性在常态光源下呈现出来的色彩，即物体在白天光线照射下呈现的色彩，如蓝天、白云、红花等，其中蓝、白、红就是固有色。

色彩的光学原理告诉我们，物体并不存在固定不变的颜色，物体的颜色是与光密切相关的，是在一定条件下变化着的。物体的颜色尽管是变化的、复杂的，但仍给我们一定的色彩印象。所以，我们既不要受固有色概念的束缚，又不能完全忽视固有色。

（2）光源色。

光源色指发光源的色彩，例如太阳光、灯光、火光等的色彩。直射太阳光偏暖；室内的光线是从室外射进来的漫射光，色调偏冷。

光源色的不同会引起物体的固有色的变化。例如，一块红布在白天看起来和在晚上灯光下看起来颜色是不同的。阳光在早晨、正午和傍晚其光色也是不相同的，并且会引起同一景物的色调的显著变化。

（3）环境色。

环境色指物体周围环境对物体反射的色彩以及物体之间相互作用的色彩。环境色常在暗部反光带出现。一般物体表面越光滑，环境色的互相影响就越大。

例如，在一只白瓷杯的背光部位附近放一块红布，白瓷杯靠近红布的一面，便会接收红布的反光而呈红灰色。如果把红布换成一块绿布，白瓷杯的这一面又变成绿灰色。可见，物体的固有色实际上是受光源色、环境色的影响而变化的。

物体的固有色与光源色、环境色的相互关系，对物体的色彩关系的形成和变化，是十分重要的。在物体的不同部位，三者的相互关系也不相同。物体的受光部位和背光部位的色彩关系，在一般情况下，既是明暗关系，又是冷暖关系和补色关系。但这一定要和具体的固有色、光源色、环境色联系起来做具体的分析。例如，光源色是微弱的暖色，环境色是强暖色，这时物体的受光部位和背光部位就不是通常的暖与冷的对立关系了。

（三）色彩的三要素

人类能够看到的颜色多种多样，除无彩色（黑、白、灰色）只有明度属性外，绝大多数颜色具有色相、明度和纯度三方面的属性。因为颜色是由物体反射光波而产生的，这三个要素是根据所反射光波的特征划分的。色相、明度、纯度是色彩的三要素。

1. 色相

色相指色彩的相貌，表示色彩的区别。它是色光由于波长、频率不同而形成的特定色彩性质，也叫色阶、色别、色质、色调等。例如红、黄、蓝等色相。按照太阳光谱的次序把色相排列在一个圆环上，并使其首尾衔接，就称为色相环，再按照相等的色彩差别分为若干主要色相，这就是红、橙、黄、绿、青、蓝、紫等主要色相。

2. 明度

明度指色彩的明暗程度，表示色彩的深浅和明暗。光线反射率高时，光度强而明；光线反射率低时，光度弱而暗。如在无彩色中，明度最高是白色，最低是黑色，中间为灰色。

3. 纯度

纯度指色彩的色度、彩度、饱和度，表示色彩的鲜艳和成分多少。纯度取决于某色中含有多少黑色或白色。若不含黑、白色便是纯粹色，是该色相的标准色。黑、白色含量越多，其彩度越低。如黄色中逐渐加入黑色，变成灰黄、黑黄等颜色，纯度就越来越低，颜色也越来越暗。

（四）色彩的关系

色彩的基本关系有以下几种。

1. 原色

原色不能由其他颜色混合而成，又称一次色，三原色是指正红、正黄、正蓝，色彩纯度最高，是色彩的基础。以不同比例混合可调配出各种色彩。

2. 间色

间色由三原色中任意两种原色混合而成，又称二次色，如：黄＋红＝橙，蓝＋黄＝绿，蓝＋红＝紫。橙、绿、紫也称标准间色，纯度较高。

3. 复色

复色由一种原色与一种间色混合而成，称为三次色，如：红＋橙＝红橙，黄＋橙＝黄橙。

4. 补色

补色指一种原色和另外两种原色混合的间色的关系，又称余色、对比色。如红和绿、黄和紫、蓝和橙。补色之间对比强烈，相互排斥，能产生立体、跳跃、活泼的效果。

（五）色彩的感觉

人会对色彩产生反应，每个人的反应有所不同，感觉也是相对的。因为有的反应源于人的本能，有共通性；有的反应源于文化，有地域性。如，中国婚礼喜欢用红色，认为红色喜庆；西方人婚礼喜欢用白色，认为白色代表纯洁。

1. 色彩的冷和暖

红、橙、黄等，属于暖色系，其物象联想如火、太阳等，给人以温暖、热烈、欢乐等感觉。青、蓝、紫、黑、白等属于冷色系，其物象联想如冰雪、大海等，给人以寒冷、寂寞、绝望、死亡等感觉。紫色、红紫色、黄绿色、绿色、灰色等属于中性色，给人以中性的感觉。在形象设计中，冬天可以使用暖色，夏天可以使用冷色。

2. 色彩的兴奋与沉静

红、橙、黄等鲜明的暖色通常会使人兴奋、积极；青、蓝、紫等冷色通常会使人沉静、消极。在形象设计中，兴奋色常用于运动类场合的服装，沉静色常用于工作场合的服装。

3. 色彩的前进与后退

同一平面上的颜色，亮色暖色使人有前进感，暗色冷色给人以后退感。前者称为前进色，后者称为后退色。一般暖色如红、黄有前进感，冷色如青、绿有后退感；明度高的色彩有前进感，明度低的色彩有后退感；浅底上的小块深色感觉向后，而深底上的小块浅色感觉向前。在形象设计中，用深色、冷色隐去短处，用浅色、暖色、突出长处。

4. 色彩的膨胀与收缩

色彩的明度、纯度影响面积效果。暖色、亮色看起来比实际大，冷色、暗色看起来比实际小。前者称为膨胀色，后者称为收缩色。膨胀色与前进色一致，收缩色与后退色一致。白底上的黑色块显得小，黑底上的白色块显得大。穿浅色、暖色的衣服显得胖，穿深色、冷色的衣服显得瘦。

5. 色彩的轻与重

看见明度高的浅色觉得轻快，看见明度低的深色感到沉重。在形象设计中，重色在下，轻色在上，会使人觉得安定；轻色在下，重色在上，则给人以不稳定的感觉。

6. 色彩的软与硬

看见明度高的浅色觉得柔软，看见明度低的深色感到较坚实，而看见金色、银色会觉得有金属般的坚硬感。在形象设计中，可用粉色表现温柔，用淡蓝、淡绿、淡黄等表现飘逸。

7. 色彩的响亮与低沉

明度、纯度高的颜色，给人以声音尖锐的感觉，明度低纯度也低的颜色给人以声音低沉的感觉。柔和轻快的颜色则让人觉得像轻快的乐曲。

8. 色彩的强与弱

色彩饱和度最高的纯色，最为鲜艳强烈。这些色彩具有强色的特性，随着饱和度的降低，逐渐变成弱色。

9. 色彩的明与暗

有些颜色显得明显，有些颜色显得模糊，这种视觉效果的差别，叫作色彩的可视程度或明视度。光线反射率高时，色彩强而明；反射率低时，色彩弱而暗。

10. 色彩的快与慢

色彩可以给人快或慢的感觉。红色最快，绿色、黄色次之，最慢为白色。

11. 色彩的艳丽与朴素

明度、纯度高的颜色，给人以艳丽的感觉；明度低、纯度也低的颜色给人以朴素的感觉。

12. 色彩的情绪

不同的色彩会带给人不同的情绪。看见红花绿叶，会让人充满希望；看见蔚蓝的大海，会让人心旷神怡；看见蓝幽幽的井水，会让人感到恐惧绝望。人对色彩的好恶，因性别、年龄、职业、生理特点、教育水平、生活经验等不同而不同。

13. 色彩的联想与象征

我们常会把某种色彩和生活中的某些事物或经验联系在一起，或者是具体的物体，或者是抽象的经验。这种联系，经常从具体的事物开始。如，红色能让人联想到太阳、火、血、辣椒，以及热情、喜庆、危险、活力、活跃、勇敢、爱情、健康、野蛮等。绿色能让人联想到禾苗、绿叶、草原，以及生命、平安、公平、自然、幸福、理智、幼稚等。

二、色彩的搭配规律

（一）色彩的调和

（1）单一色相指色相环的任一色，如黄色。

（2）同色系指色相环的每一色和其左右各一色，如黄色和绿黄色、粉黄色。

（3）类似色指色相环的每一色和其左右一至两色，如黄色和蓝绿色、橘黄色。

（4）对比色指依适当比例混合变成无色光（称白光）时的色彩。色相环的每一色和其左右的第四个色彩是对比色，二者色环角度为 108 ～ 144 度。

（5）互补色指依适当比例混合变成灰色或黑色时的色彩。每一种色彩均具有互补色。

（二）色彩的性格特征

1. 红色

红色是生命、活力、健康、热情、朝气、欢乐的象征。

2. 白色

白色易使人联想到冰雪、白云，给人以光明、质朴、纯真、轻松、恬静、整洁、雅致、凉爽、卫生的感觉，象征着和平与神圣。

3. 黑色

黑色属于无彩色系，在明暗层次中，黑色没有亮光，有严肃、庄重、沉着、坚毅的性格特征。

4. 黄色

黄色是阳光的颜色，使人联想到金色的太阳、硕果累累的金秋、闪闪发光的黄金，给人光明、辉煌、灿烂、充实、成熟、温暖、充满希望的感觉。由于黄色是高明度色，它的光亮在色环中最高，因而又具有明快、轻柔的特征。

5. 绿色

自人类诞生以来，就生活在绿色的怀抱里，可以说绿色保护了人类、养育了人类，因而绿色使人联想到春天、青春、希望和生机，给人以宁静、和平、年轻、祥和与安全的感觉。

6 蓝色

蓝色是天空的颜色，又常使人联想到深不可测的海洋，表现出深远、沉静、崇高、纯洁、理智的特征。蓝色属于冷色，它与红、橙、黄等暖色形成鲜明的对照，是一种收缩性、内在性的色彩。

7. 紫色

紫色使人联想到阴影和夜色，因而显得安静而有神秘感。紫色介于红色与蓝色之间，属不冷不暖的中间色，它的不同色阶表现了不同的特征：深紫色华丽、性感；淡紫色温柔、优雅。

8. 灰色

灰色是白黑的混合色，属于明度适中的中性色。灰色使人联想到缺乏光亮、天气阴沉，给人以沉闷、抑郁、寂寞、平淡乏味的感觉，但同时又具有质朴、柔和、安定、含蓄的特征。

（三）光色与色彩妆容

相同的颜色在不同光色中，会产生不同的变化。只有掌握好光色与色彩的关系，才能取得整体造型的成功。

（1）在红色光照射下：暖色会变浅变亮，色彩被淡化；偏冷的色彩会变浊变暗。化妆宜浓，阴影色要重，唇色要浓，强调面部的立体感。

（2）在黄色光照射下：暖色变浅变亮，红色更饱和，橙色发红，粉红显得更艳丽，黄色接近白色，绿色变黄绿色；冷色则变暗，蓝色和紫色均成为暗黑色。化妆宜浓，腮红颜色宜深。

（3）在蓝色光照射下：蓝色、绿色、紫色等偏冷的色彩会变得浅淡而鲜亮，而红色、橙色、黄色等偏暖的色彩变暗、变浊。例如，黄色变成暗绿色，红色、橙色、棕色接近黑色。化妆宜淡，腮红和唇色宜偏冷色。

（4）在强光照射下：强光使被照射物体明亮清晰，轮廓和细节比较分明，一切颜色变浅。化妆宜浓。

（5）在弱光照射下：弱光使被照射物体阴暗模糊，轮廓和细节不明显，颜色显得朦胧而模糊。化妆宜淡，但线条轮廓要清晰。

第三节　空乘制服与妆容饰品的搭配

学习目标

1. 了解空乘制服的种类
2. 理解空乘制服色彩和妆容色彩的搭配
3. 掌握空乘制服与妆容以及饰品的搭配

如果只关注妆容，却忽略了服装与妆容的搭配，就很容易给人一种用力过猛或寡淡黯然的感觉。下面就来学习空乘制服与妆容饰品的搭配技巧。

一、红色系

红色系的制服不需要用很多颜色去装饰搭配，以搭配黑色为佳。红色制服建议用黑色腰带或帽子来搭配。当然丝袜的颜色也建议是黑色，再搭配一双黑色的高跟鞋。红色系制服搭配见图 4－2。

妆容推荐：大地色系的妆容是最适合亚洲人肤色的妆容，与红色系的制服搭配很适合。眼影可选用咖色偏橘的颜色；腮红可选用粉色偏橘的颜色；口红可选用正红色，与制服整体的颜色相呼应，使肤色提亮一个度。红色系制服妆容见图 4－3。

图 4－2　红色系制服搭配

图 4－3　红色系制服妆容

饰品建议：因制服整体是红色系，所以不宜添加过多的饰品来点缀，否则给人一种喧宾夺主的感觉。如需要可搭配白色珍珠耳钉，简单大方，起到画龙点睛的效果。

二、橙、黄色系

（一）橙色系

橘色系制服比较挑战人的搭配能力，尤其是对于亚洲人来说，因为皮肤的颜色偏黄，如果搭配出错，会显得肤色更黑、更黄。

穿搭推荐色：白色、黑色、米色、黑灰色。因为橘色已经足够靓丽，对于职场来说，用低饱和的颜色中和它，才不会使颜色过于扎眼，能平衡整体色彩。橙色系制服搭配见图 4－4。

图 4－4　橙色系制服搭配

妆容推荐：橙色系制服充满朝气，太古板的妆面显然不太搭配，妆容设计要以清透为主，过于浓厚的妆面会显得老气。眼妆宜选择不特别显眼的大地色系或者橘调豆沙色，搭配淡淡的橘调腮红和饱和度不高的珊瑚色、豆沙色口红。

（二）黄色系

穿搭推荐色：蓝色、白色、咖啡色、黑色、紫色。

黄色系是靓丽的颜色，当黄色作为衣着主色时，需要有一些鲜艳的颜色，例如蓝色、紫色的点缀，来增加服装的层次感。

妆容推荐：妆容宜选择冷艳一点的妆感会更好。眉形要相对温柔，宜选择自然的大地色系眼影和豆沙色腮红，再搭配水润质地的嫣红色唇膏。如果有金属色包裹的珍珠耳钉作为点缀，则可锦上添花。

三、绿色系

春秋航空公司的空乘制服融合企业风格，以绿色为主色调，白色衬衫采用中式立领、暗门襟和七分袖造型，绿色马夹和外套采用斜襟绲边的制作工艺，并采用西式"公主线"的裁剪分割方式，以中式云形盘扣作点缀，使得整体穿着得体大方，富有韵律美。绿色系制服搭配见图 4－5。

图 4－5　绿色系制服搭配

绿色系制服不建议搭配过于红艳的彩妆，红绿反差过大，在时尚圈受到追捧，但是在服务行业还是尽量避免为好，自然亲切的仪容仪表更符合服务人员的形象。

妆容推荐：建议妆容以黄、橙、棕色系为主。为了能够使自己在绿色的映衬下更有活力，需要用偏白色号的粉底，搭配黄色或者棕色系的妆容，起到提亮的作用，使整个妆容比较鲜活。

四、蓝、紫色系

蓝色和紫色是相邻的两种颜色。蓝色是冷色调中最冷的色彩，通常让人联想到海洋、天空、湖水、宇宙，因此，很多航空公司在制服颜色选择上首选蓝色系。蓝色系共有三十多种蓝，其中深蓝、天蓝、粉绿蓝、钴蓝、普蓝和宝蓝是空乘制服较为常见的用色。

紫色是二次色，属于中性偏冷色调，它是由温暖的红色和冷静的蓝色结合而成，是高雅、富贵、浪漫、梦幻的色彩。紫色系共有十多种紫，由于红蓝比例不同会得到不同色相的紫色，红蓝比例 1 : 1 得标准紫色，蓝多红少得蓝紫色（堇色 / 紫罗兰色），红多蓝少得紫红色。紫罗兰和紫色是空乘制服较为常见的用色。

（一）妆容

蓝色系制服建议搭配粉色系（粉红色）和大地色系（咖色）妆容；紫色系制服建议搭配淡紫色系或大地色系妆容。

（1）眼影：可选择与制服相同的蓝色调或淡紫色调，颜色涂抹不要太重，或者选择百搭的咖色眼影；淡粉色眼影可搭配粉蓝色的制服。

（2）腮红：建议选择淡粉色。

（3）口红：建议与腮红搭配，蓝色制服用红色或粉色，紫色制服用浅粉色。

蓝紫色系制服妆容见图 4－6。

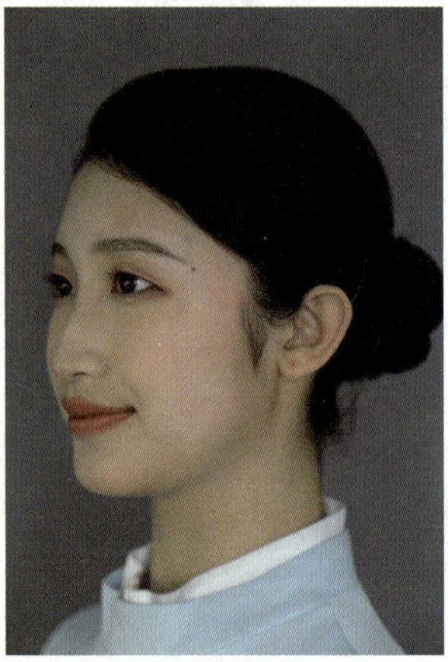

图 4－6　蓝紫色系制服妆容

（二）饰品

（1）指甲油：建议淡粉色或者透明色。

（2）丝巾：建议搭配与制服同色系花纹丝巾，或者丝巾中带有制服颜色的。如果制服采用的蓝色较深，可以选择橙色、金色或粉红色的丝巾来搭配，不仅可以增强整体的辨识度，还显得端庄优雅又不失活力；紫色制服则可以选择带有蓝紫色花纹或粉红色的丝巾来搭配。

（3）帽子：根据航空公司制服款式及要求，蓝色制服建议搭配蓝色系或黑色帽子；紫色制服建议搭配紫色或红色帽子。

（4）腰带：通常连体裙装配有腰带，不仅可以展现腰身线条，还能起到装饰的作用。蓝色系制服可搭配同色系或者与丝巾同色的腰带，比如深蓝色、橘色、红色等，突出亮点；紫色系制服则搭配同色系或红色腰带。

蓝紫色系制服搭配见图 4－7。

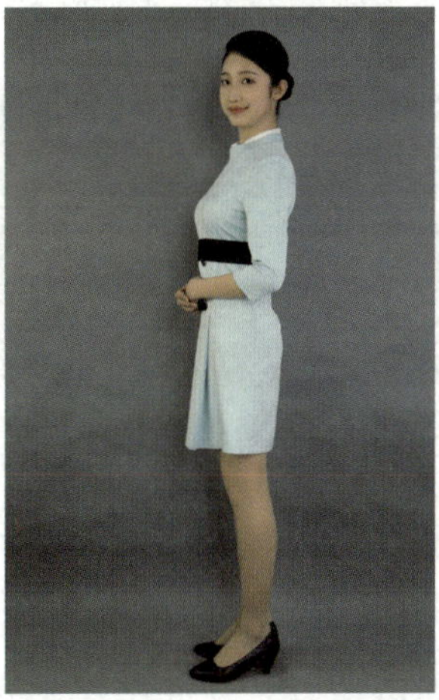

图 4－7　蓝紫色系制服搭配

五、白色系

白色系制服主要分析两家航空公司。一家是大韩航空，其制服由迪奥前设计师 Gianfranco Ferre 设计。这套制服的主体和配件为白色和薄荷绿两色，除了乘务长绿色外套和普通乘务员白色外套，其余小配件均有双色可随意选择搭配。丝巾使用的材料是有一定挺括感的欧根纱，系在脖间时尾巴一边高高翘起。没有帽子，有供长发盘发使用的发饰和短发使用的发箍。丝袜为肤色，不分冬夏，有裤装。鞋子区分冬季夏季，夏季款露脚后跟。白色系制服搭配见图 4－8。

图 4－8　白色系制服搭配

由于整个制服配饰给人一种温柔、恬适的感觉，妆容也要选择自然、清新的风格。眼影建议选择大地色系或者淡粉色系；眼线要细一点，不应太夸张；腮红以淡粉色为主色调，如果肤色偏黄可以考虑加一点橘色腮红，起到提亮的效果；口红则选择裸粉色或者偏红的粉色，最好不用正红，不然容易过分突出；指甲油则可以选择浅色系，起到修饰手形的作用。白色系制服妆容见图 4－9。

图 4－9　白色系制服妆容

发型建议三七开的顶包发型，能很好地修饰脸型，使整个妆面有立体感。

另一家航空公司是海南航空。海南航空的第五代制服是著名设计师劳伦斯·许设计的。这一套制服基色为白灰色，以“江涯海水，祥云漫天”为设计理念，集中国元素与“国际范”于一体（见图 4－10）。

妆容建议：粉底要选与自己肤色相近或者偏暗的色号，不然在白灰色衣服的衬托下会使脸部过于苍白。一定要画眼线，眼影建议选择大地色系或者偏深色，使眼部妆容更立体。腮红建议选择橘色系，打在颧骨部位，使整个妆容增强立体感，打破白灰色制服带来的平面感。鉴于制服加入了中国元素，口红建议选择中国红色系。可以根据腮红颜色调整，如果腮红偏橘色，则口红可以选择偏橘的中国红，保证妆容一致性。白色系制服妆容见图 4－11。

图 4－10　白色系制服

图 4－11　白色系制服妆容

发型、配饰：配合中国风及空乘人员整体妆容应整洁的要求，应选择顶部饱满的发髻。耳饰可选择珍珠耳钉，不宜过大。指甲油则可选择浅粉色或者裸色，使整体造型干净、温婉。既体现了制服的特点，又展现了空乘人员温柔的气质。

知识拓展

不同色系的航空公司制服

一、红色系

1. 中国国际航空公司

中国国际航空公司作为中国唯一一家载旗航空公司，空乘人员的红色制服套装采用了被国际上称为“中国红”的明瓷中霁红作为主色，以甜白为搭配色，体现了东方女性之美，突出了民族化与国际化相结合的特点。领口搭配上彩色丝巾，丰富了整体的效果。

2. 四川航空公司

四川航空公司空乘制服以“川红”为主色，强调红色似四川人热情好客，也代表着麻辣川味美食，是川航带给旅客“中国元素、四川味道”的第一印象，从而被大家亲切地称为“小辣椒”。红色七分袖连衣裙，黑色腰带，浅立领，胸前有红黑相间的褶皱装饰。红色连衣裙整体线条简洁流畅，展现娴静端庄的职业仪态；浅立领衬托优雅气质；黑色线条为服装注入理性、沉稳的特质；褶皱装饰在行走时自然律动，传递灵动之美。

二、橙色系

俄罗斯航空公司空乘制服以橙色为主色，其明亮的用色体现出浓浓的热情，配上白色手套、复古剪裁的鞋帽和小方巾俏皮又迷人，搭配上空乘人员的高挑身材，让每一位搭乘俄航的乘客都印象深刻。

三、黄色系

阿联酋航空公司空乘制服以米黄色为主色，配上大红色局部点缀，象征着沙漠里的一抹红。小红帽和白纱是这套制服的一大特色。前开双衩中裙的设计，在外航制服里经常用到，有很好看的鱼尾效果。

四、绿色系

1. 长荣航空公司

长荣航空公司的制服以“碧玺绿”为主色系，领口以三角形的飞机机翼为设计主轴，后领片剪裁为立体飞扬造型，象征长荣航空翱翔全球的理念。上衣袖口及裙子后片开衩进行撞色处理。结合色块拼接、几何图案及简约利落的剪裁，让原本严肃专业的制服，融入复古文艺气息与高级时装质感。

2. 意大利航空公司

意大利航空公司制服以绿色为主体，体现了意大利乡村风格。以红色手套、包、袜子、皮鞋为点缀，象征意大利的热情，以及丰富文化和历史。制服以红绿相间的国旗为设计理念，从意大利的传统文化和国家形象中汲取灵感。

五、蓝色系

1. 南方航空公司

南航以“阳光南航”为文化品格，空乘人员制服以“碧水、红棉、彩云、蓝天”为设计理念，融入中国传统特色和国际化元素。彩云、蓝天的颜色彰显了南航坦诚、热情的风格，塑造了企业形象。

2. 厦门航空公司

厦门航空公司的空乘制服颜色是厦航标志的蓝色。三种不同明度的“厦航蓝”，将复古元素与现代简约时尚进行了完美融合，勾勒出高雅、自信、干练的厦航空乘形象。而带有“一鹭高飞”航徽的俏皮小帽、深蓝色的宽腰带和“国际范儿”的七分袖等设计，突显出厦航连接五湖四海、通达世界各地的国际气息，象征着厦航对未来国际化发展的期许。

六、紫色系

泰国航空公司一直以来都是用紫色系的商务套装做制服，由泰式筒裙装、七分袖短外套和一条长带子构成，穿着时空乘人员会在衣服上别一朵鲜花，裙子和带子都有精美的织金做装饰。

七、白色系

1. 大韩航空公司

大韩航空公司的制服以白色为主色，给人一种干净、新鲜的感觉，同时呈现出传统的韩国美。特别是尾端翘起的丝巾，被视为大韩航空的象征。

2. 海南航空公司

海南航空公司的“海天祥云”制服，将古典东方的设计元素与国际化的立体裁剪相结合。制服以旗袍形状做底，领口为祥云漫天，下摆为江涯海水，寓意海航大鹏鸟翱翔于云海之间，构成独具海航特色的东方之美；整体色彩以灰白色为基底，搭配黄色海浪和红色蝠燕，传递着东方的魅力；旗袍袖口采用七分袖，简洁大方，增加了干练感；围裙的设计如同一件连衣裙，裙型为郁金香型，兼具美观和实用功能；精致的立体剪裁，既紧跟时尚潮流，彰显国际化品质，又营造出精致和专业化的观感。

八、其他色系

新加坡航空公司的空乘制服的上身为五分袖，下身配纱笼长裙，显得含蓄而优雅，体现出东方女性亲切贴心的形象。制服采用东南亚广泛流行的巴迪布，在蓝色基底上蜡染出色彩鲜艳的花纹，再加上繁复的金丝彩绣，洋溢着东南亚风情。

复习与思考

1. 色彩的种类有哪些？

2. 空乘制服的着装规范有哪些？

3. 请说出你最喜欢的一套航空公司制服，并尝试为这套制服选择合适的妆容和配饰。

第五章

空乘人员的职业发型

干净利落的职业发型，能给人留下良好的第一印象。每一名空乘人员都必须按照航空公司的职业标准发型打理自己的头发，所以熟练掌握空乘人员的发型要求和打理技巧是非常关键的。

第一节 空乘人员发型的设计原则

学习目标

1. 掌握空乘人员发型设计的基本原则
2. 掌握各种脸型与发型的搭配法则

一、空乘人员发型设计基本原则

空乘人员在选择发型时，应当有意识地体现庄重大方、简约明快的整体风格。空乘人员的发型设计原则如下：

（1）遵循航空服务业形象标准的原则。要保持发型整洁美观、大方自然、统一规范、修饰得体。只有专业、标准的发型和职业形象才能与空乘人员的身份相符合，才能更好地为乘客提供服务并得到乘客的信任。

（2）遵循扬长避短的设计原则。可根据每个人的脸型、头型、肩部线条等来设计能凸显优点、掩盖缺点的发型，为个人的形象加分。

（3）遵循气质与性格相匹配的设计原则。因为每个人的五官、性格和气质都大不相同，所以在选择发型时也要选择富有个性、适合自己的发型，这样才能更好地展现空乘人员的气质。

知识拓展

脸型与发型的搭配法则

1. 长脸型

长脸型在选择发型的时候，不要选择长度在耳朵以上的发型。长脸型适合留长发，可以将直发烫成卷发，加上刘海能起到缩短脸型的效果，或者增加头部两侧的头发的蓬松感，也会让脸看起来稍微圆润一些。

2. 方脸型

方脸型的人在选择发型的时候一定不要选择过于平整的发型，或者直接把头发往后梳起的发型，那样会让整张脸看起来更加方正。可以选择中长度的波浪卷发，削弱脸型的棱角感。

3. 圆脸型

圆脸型会给人一种婴儿肥的感觉，虽然可爱但略微有些孩子气，所以在设计发型的时候建议留刘海，刘海与两颊的头发可以修饰脸型。若厌倦了齐刘海也可以留大片斜刘海来修饰脸型，同样有使脸变小的效果。此外，微微外翘的短发也是不错的选择。

4. 椭圆脸型

椭圆脸型俗称“鹅蛋脸”，是非常标准的脸型，不管是长发还是短发、直发还是卷发、有无刘海都可以完美驾驭，几乎适合所有发型。

练一练

根据自己的脸型、五官和性格等特点，选择一款适合自己的发型。

第二节　空乘人员发型的要求及打理技巧

学习目标

了解并掌握空乘人员发型的要求和打理技巧

一、空乘人员发型的基本要求

发型，是影响人整体形象的不可忽视的重要因素。有时候简简单单的发型变化，会改变一个人的气质、精神面貌，乃至给他人留下的直觉印象。对于空乘人员来说，对发型的要求更为严苛。

总体来说，空乘人员的发型要符合乘务业务规定的标准：必须剪齐耳短发或者盘发，并且头发不触及衣领；不宜使自己的发型和发色过分时髦，除黑色之外，不准漂染其他任何颜色，尤其是不能为了标新立异而选择极其前卫、怪异的发型。

（一）男空乘人员发型的要求

男空乘人员的发型应着重展现本人的精神面貌和专业、稳重的气质，要凸显干净、利落、精神的特点。男空乘人员发型（见图 5－1）的具体要求如下：

（1）前不过眉，侧不过耳，后不触衣领，长度为 3 ～ 5 厘米。

（2）保持原本发色，不烫发、不染发。

（3）保证发型的硬挺、层次感及整洁。

（4）保证头发的干净清爽。

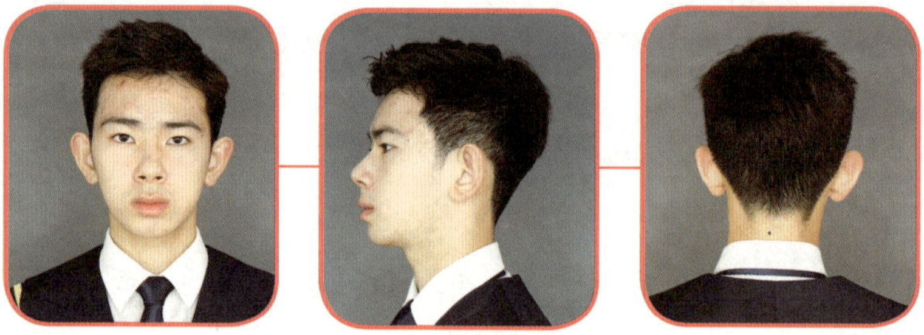

正面　侧面　背面

图 5－1　男空乘人员发型

（二）女空乘人员发型的要求

女空乘人员的发型除了凸显女性得体、柔美的气质外，更要体现职业的端庄、大方与整洁。干净和利落是女空乘人员必须谨记的原则。女空乘人员发型（见图 5－2）的具体要求如下：

（1）短发利落不挡眼；长发须盘起，无碎发，发髻高度在后脑中部位置。

（2）保持原本发色，不烫发、不染发。

（3）尽可能借助发胶、发蜡等进行碎发固定，减少发卡的使用。

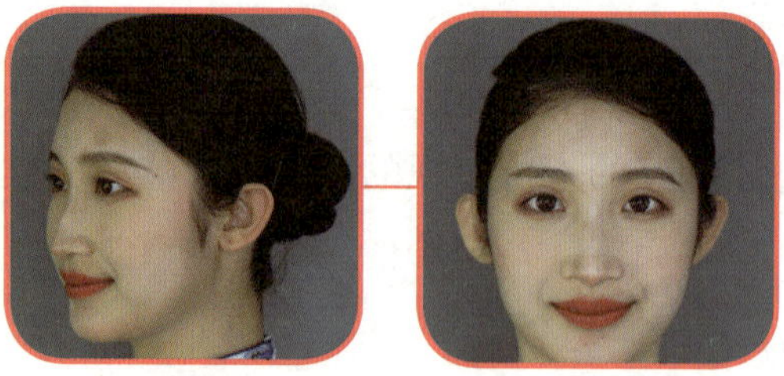

侧面　正面

图 5－2　女空乘人员发型

女空乘人员经典发型主要有“二八分”侧分发型（见图 5－3）和后背式“大光明”发型（见图 5－4）。

图 5-3 “二八分”侧分发型

图 5-4 后背式“大光明”发型

二、女空乘人员发型的打理技巧

（一）女空乘人员长发的打理技巧

女空乘人员长发要求统一盘起，一方面是出于航空安全的需要，一旦发生紧急情况，可以不受头发的干扰，非常迅速地采取应急措施；另一方面是出于服务职业的需要，显得干净、整齐、具有职业气质。女空乘人员长发发型见图 5-5。

图 5-5 女空乘人员长发发型

1. 盘发

先将所有头发用皮筋扎成马尾，高度与耳部上缘对齐，用黑色隐形发网将马尾全部罩住。隐形发网根据发量的多少和长度来选择。然后用左手抓住发根，右手抓住马尾并顺时针旋转直至将头发盘起。发髻应盘绕为圆形，位于头的正后部，并用U形发卡将发髻固定，外形整体饱满，高度适中，不应低于双耳。头顶处的头发应略微蓬起一些，建议高度以3厘米为宜，如果完全贴于头皮，整个发型会显得过于呆板；如果蓬起过高，会显得过于夸张。最后用小型发卡和定型水将碎发固定，真正做到一丝不乱。

2. 佩戴头花

佩戴头花的盘发发型，是目前国内多个航空公司都在使用的发型。佩戴头花步骤如下：

（1）按照上述操作完成盘发。

（2）将头花的卡子别在头发根部，再将马尾碎发放入头花自带的网套内，高度与双耳上缘对齐。

3. 刘海的处理

遵循航空服务业形象标准原则，长发女空乘人员前额不能留刘海。可根据个人发量、发际线位置及脸型选择侧分式或后背式处理刘海。建议圆脸型选择后背式，长脸型选择后背式和侧分式均可。

（1）侧分式。

以眉峰为起点用梳子画一条向上的延长线，此延长线为发型的侧分线。先整理出部分侧发用夹子进行固定，然后将马尾梳好，再将预留的侧发从耳后别过扎入马尾中，在耳后用发夹将刘海固定，并用发胶、摩丝等定型产品进行固定。必须露出眉毛，禁止在为乘客服务时侧发掉下遮住眉毛和眼睛。

（2）后背式。

将前额上部的头发全部向后梳理，然后用手或者梳子反推使头顶处的头发向上蓬起，高度在3厘米左右，并用定型产品进行固定。

（二）女空乘人员短发的打理技巧

（1）头发长度不得短于6厘米，长度不能过肩，前发须保持在眉毛上方，不宜遮挡眼睛，两侧头发利落、服帖，后发不超过衬衣领的上缘，梳理整齐。

（2）如有刘海可使用发胶或摩丝固定，不得有蓬乱的感觉。

（3）可选择烫发或直发，但是不可采用爆炸式、翻翘式、超短式及各种怪异奇特的发型，也不能染成彩色或漂染带有个性标志的发型。

三、男空乘人员发型的打理技巧

（1）前发不覆额：前面的头发必须保持在眉毛上方，不能遮盖眼睛，即不允许留有长刘海。

（2）侧发不掩耳：两侧的鬓角不得长于耳朵中部，即不应当蓄留鬓角。

（3）后发不触领：脑后发尾最长不得触及衬衣的衣领。

（4）除了黑色外，不允许将头发漂染成其他的颜色。

（5）可使用发胶、摩丝等定型产品打理头发。

（6）为了保持短发的整洁，应根据头发生长的速度，每半个月或一个月理一次发。

（7）禁止烫发和选择板寸、光头、鸡冠头等怪异发型，不得使自己的发型过分时髦。

知识拓展

中国三大航空公司对空乘人员发型的要求

1. 中国国际航空公司

女空乘长发发型主要有两种：花苞式和法式。花苞式和一般的航空公司的规定是一样的；法式就相对少见，主要用于40岁以上的空乘人员。

法式发型操作步骤：

（1）将头发梳理至颈部，双手握住头发，右手将头发向内旋转上推，直至发梢全部卷入，使用U形卡固定发髻。

（2）刘海成“大光明”式，发髻位于脑后正中，外形整齐饱满，发髻直径8～10厘米。

（3）发量少者可使用盘发用具填充修饰。

2. 南方航空公司

发色一律为黑色。短发要求干净利落，梳洗整齐，无头屑，不得挑染，不允许留超短发及怪异发型。长发要统一盘起，碎发用发胶、发卡固定住。发髻直径8～9厘米，位于后脑勺中心位置，高度以耳朵为准，发网必须呈现饱满状。刘海长度不得超过眉毛上方两指。

3. 东方航空公司

头发要光洁整齐，头顶不能露出发卡，外露发卡不超过4个，无碎发、不掉落、不松散。发型主要是使用隐形发网的基本盘发。有些空乘人员使用芭蕾式盘发方法：先扎一个马尾，然后将马尾旋转缠绕后用发卡固定，加上网罩，最后插入U形卡。

练一练

熟悉男、女空乘人员发型的要求及打理技巧，为实操练习做准备。

第三节　空乘人员盘发实操与训练

学习目标

1. 认识盘发物品和用具
2. 能够按照正确步骤进行盘发

一、准备物品与工具

盘发主要用到的物品和用具如下：

（1）皮筋（见图 5－6）。

（2）隐形发网（见图 5－7）。

（3）一字发卡（见图 5－8）。

（4）U 形发卡（见图 5－9）。

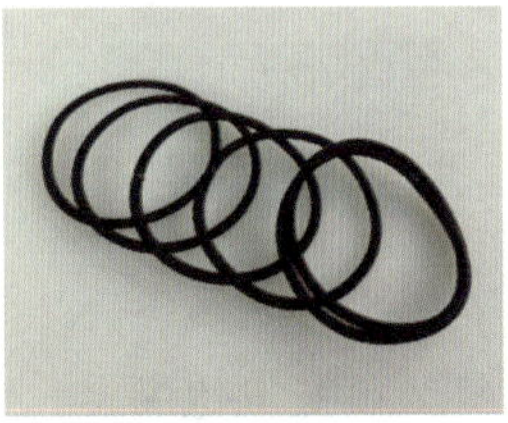

图 5－6　皮筋

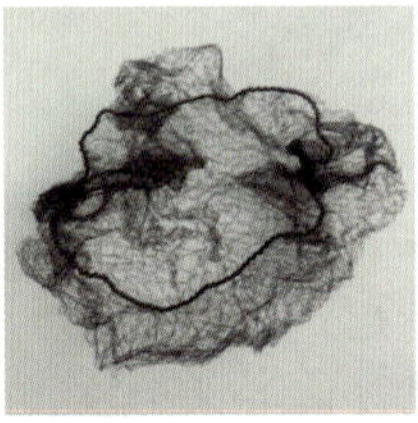

图 5－7　隐形发网

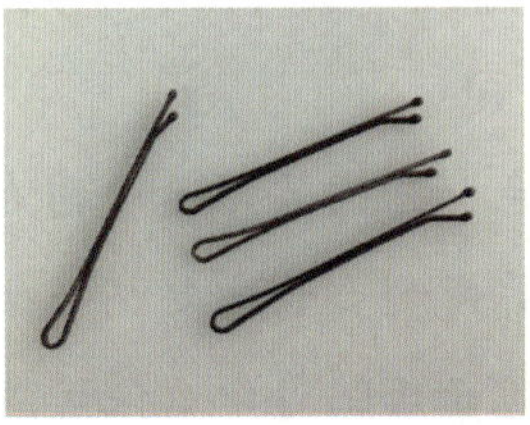

图 5－8　一字发卡

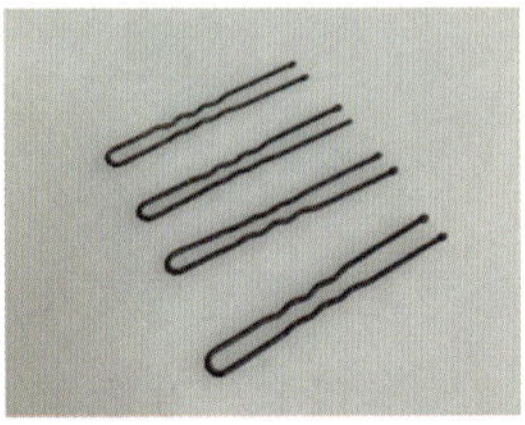

图 5－9　U 形发卡

（5）发胶、发蜡（见图 5－10）。

（6）定型水或摩丝（见图 5－11）。

（7）梳子（见图 5－12）。

图 5－10　发蜡

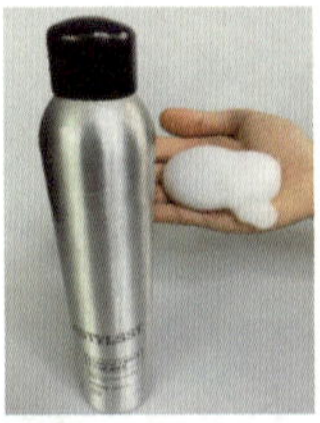

图 5－11　摩丝

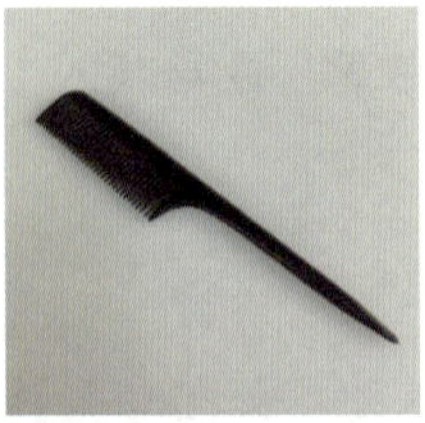

图 5－12　梳子

二、盘发实操训练

盘发前确保头发干净整洁，洗吹过的头发才能轻松制造出蓬松感，为后续的盘发打好基础。

第一步：把头发梳顺，准备一个皮筋。

第二步：先预留表层头发，用手抓起预留出来的头发并用密齿梳倒梳打毛，产生蓬松感。在接近发根处，由上往下倒梳。倒梳时，速度快慢无妨。打毛的位置可以由头顶延伸至双耳，注意对称。可根据自己的脸型，选择打毛垫高的高度和位置。

第三步：在脑后部中间的位置用皮筋扎一个马尾，高度与耳部上缘齐平。然后用发胶或发蜡等定型产品将碎发固定于表面，可根据需要在耳后侧方各用一个一字卡固定。

第四步：用左手抓住发根，右手抓住马尾并顺时针旋转直至将头发盘起，将发髻盘绕为圆形，并紧贴于头部。

第五步：用U形卡分别在上、下、左、右处将发髻固定，使外形整体饱满。

第六步：用隐形发网套在扎好的发髻上，拉住发网一侧的边缘，向同一方向包裹发髻，使其完全包住，再用U形卡把发网固定在发髻上。

第七步：用发胶将四周的碎发固定好。特别要注意脖颈上方的碎发，此处碎发较多，可适当多用一些定型产品。

第八步：将头顶处的头发用密齿梳做微调整，让头顶部的头发不紧贴于头皮。

这样完成的发型整体看起来干净整洁、干练利索，专业又充满立体感。

练一练

准备好盘发所需用品，进行空乘人员标准盘发练习。

复习与思考

1. 空乘人员发型设计的基本原则是什么？
2. 空乘人员发型的基本要求和打理技巧有哪些？
3. 盘发的正确步骤是什么？

第六章

空乘人员的美容保健

本章主要介绍空乘人员应如何通过改变自身生活习惯等以达到养肤、养身心的效果，引导学生通过合理膳食、正确护肤、充足睡眠，适应四季变化，学会调节情绪，降低负面情绪的影响，适当进行有氧运动，保证身体健康，应对生活与工作压力，提升空乘工作形象。

第一节　饮食与美容保健

学习目标

1. 了解饮食对美容保健的影响
2. 掌握合理的饮食方式

饮食，又称膳食，是指我们通常所吃的食物和饮料。所有的食物都来自植物和动物。人们通过饮食获得所需要的各种营养素和能量，维护自身健康。合理的饮食、充足的营养，能提高人们的健康水平，预防疾病的发生，延长寿命，提高身体素质。不合理的饮食、营养过度或不足，都会给健康带来不同程度的危害。饮食过度会因为摄入营养过剩导致肥胖症、糖尿病、胆石症、高脂血症、高血压等多种疾病。长期营养摄入不足，可导致营养不良、贫血等，影响儿童智力发育，使人体免疫能力下降。饮食的卫生状况与人体健康密切相关，如食物带有的细菌、霉菌、毒素和有毒化学物质，随食物进入人体，可引起急、慢性中毒，甚至可引起恶性肿瘤。

综上所述，健康饮食非常重要。对于空乘人员，不仅要有健康饮食，还要有更高的要求。

一、饮食的重要性

（一）饮食是维持人体生命的必需品

必需品饮食不当会招致疾病：饮食过饱、过饥或不定时，容易得胃病。大量吃油腻食物，容易患胆囊炎、胆石症、胰腺炎、动脉硬化和冠心病。长期大量饮酒，易患肝硬化及心血管疾病。如果酒中甲醇含量过高，还会导致视力模糊，甚至失明。经常食盐过量，会出现高血压；经常食盐不足，会出现低血压和无力症、肾病。长期偏食会缺乏某种营养素，导致营养不良、水肿、肝硬化、缺铁性贫血、坏血病、脚气病、夜盲症等。常吃霉变食物或被黄曲霉素污染的食物，易患肝癌。

（二）注意饮食调理，做好疾病防治

饮食关系到人体的健康和疾病的防治，因此必须特别加以注意。饮食调理原则

主要是：一是饮食要多样化，合理搭配，“五谷为养、五果为助、五畜为益、五叶为充”。即谷类为食品，肉类为副食品，用蔬菜来充实，以水果为辅助。二是饮食要有节制，切忌过饮过食甚至暴饮暴食。

二、合理的饮食方式

“食不言，寝不语”“细嚼慢咽”“粗细兼顾，荤素相宜”……这些都是跟饮食相关的俗语。但是随着生活节奏的加快，生活方式的变化，人们往往很难真正做到。尤其是城市中的上班族，每天忙于工作，即使是吃饭也是争分夺秒。都市人群健康调查资料表明：胃肠疾病发病率正在逐年上升。这都是现在快节奏的都市生活带来的健康问题。

有规律的每日三餐对于上班族来说非常重要。按照中国人传统的膳食习惯，每日进餐分为三次，并且有“早餐吃好，午餐吃饱、晚餐吃少”的说法。这是把人体一日内需要的热量和营养合理地分配到一日三餐中去。早餐一般占全天热量的30%，午餐占40%，晚餐占30%，以适应人体生理状况和工作需要。切忌几餐不吃，或暴饮暴食。

（一）快乐的早餐

据营养专家分析，早餐其实是一日之中最重要的一餐。早餐最好少吃稀饭、面包或炒面等含碳水化合物多的食物，以免使脑中的血清素增加。因为血清素具有镇静作用，使大脑无法达到最佳运转状态。另外，早餐也不宜吃油条、熏肉等含有大量脂肪和胆固醇等不易消化的食物。因为生活节奏快、时间紧，上班族的早餐可以选择一些低脂高营养、方便快捷的食品。可以选择多吃些瘦肉、鲜果或果汁等脂肪含量低的食物，要保证有一定量的牛奶、豆浆或鸡蛋等优质蛋白质的摄入，以使人的头脑反应灵活，思维敏捷，提高工作和学习效率，拥有快乐的一天。

空乘人员在考虑健康、合理饮食的基础上，还应考虑膳食纤维的摄入，可以选择一些粗粮，比如荞麦、玉米、红薯等。鸡蛋、牛奶、豆浆是必需的，保证摄入足够的蛋白质。时间允许可以再准备一些蔬菜，如菠菜、黄瓜、西兰花等。这样的早餐能为一上午的工作提供足够的能量，同时又不会有负担。

（二）丰盛的午餐

午餐是补充能量最关键的一餐，除了要补充上午工作的消耗，还要满足下午工作的需要。一般午餐也不宜摄入过量碳水化合物，如吃了大量富含糖和淀粉的米饭、面条、面包和甜点等食物，会使人感觉疲倦，精力难以集中。忌吃方便食品，例如方便面、西式快餐等，这些食品营养含量低。上班族的午餐应以吃蛋白质和胆碱含量高的肉类、鱼类、禽蛋和大豆制品等食物为主。因为这类食物中的优质蛋白质可使人血液中的酪氨酸增加，进入人脑之后，可转化为使人头脑保持敏锐的多巴胺和去甲肾上腺素等化学物质；而胆碱则是脑神经传递乙酰胆碱的化学介质，乙酰胆碱对大脑的理解和记忆功能有重要作用。

航空公司的工作餐能基本满足空乘人员必要的营养摄入。如果自行用餐，选择就更多了，可以鱼、虾、牛肉等为主，尽量不选择肥肉，蔬菜可以芦笋、角瓜、丝瓜等为主，主食选择粗粮饭、全麦馒头等，以摄入充足的膳食纤维。

（三）美妙的晚餐

俗话说，“晚饭少一口，活到九十九”。由于晚饭后至次日清晨的大部分时间是在睡眠中度过的，机体的能量消耗并不大。晚餐不可暴饮暴食，讲究量少质高。可以选择摄入适量碳水化合物，这样可以促使体内分泌胰岛素，帮助肌肉细胞吸取血清中大量的氨基酸，进而使较多的色氨酸进入脑部，转化为有镇静作用的血清素，可以让人拥有一个甜美的睡眠，使上班族恢复脑力，积蓄精力，更好地面对第二天的工作。同时晚餐要避免摄入过量蛋白质、脂肪和胆固醇含量高的食物，因为如果晚餐摄入的热量太多，多余的热量势必要转化成脂肪储存在体内。

空乘人员为了保持身材，晚餐更应该适量，尽量不摄入大量的碳水化合物。根据季节不同可以选择吃普通沙拉或者温沙拉（冬天的时候可以将蔬菜加热，蒸或者煮后进行调味，做成温沙拉），这样既保证了营养的摄入，也不会有很大的负担，对于需要保持身材的空乘人员是合理的选择。

练一练

1. 文中建议的日常三餐的饮食习惯与你的日常饮食习惯是否一致？

2. 如果你的饮食习惯与建议不一致，有没有适合自己的改进方式？你还有没有更好的饮食建议？

第二节　季节与美容保健

学习目标

1. 了解四季对美容保健的影响
2. 掌握四季养生的方法

天时之变，一年四季，自然规律表现为春温、夏热、秋凉、冬寒的气候特征，及各种生物春生、夏长、秋收、冬藏的发展规律。从传统的中医学理论来看，季节不同，对人体各方面的影响也明显不同。四季养生、美容保健，强调人必须遵循天时变化，调养精神、饮食与起居，来适应四季的变化，达到保养精神和元气、避免病邪侵害、健康长寿、美容保健的目的。

一、春生

中医说，春季养肝，在饮食上要选甘、辛、温之品，清淡可口，尽量不要吃油腻、生冷、黏、硬的食物。春季人体新陈代谢加快，应多选用既升发又富营养之品，如黄豆芽、绿豆芽、豆腐、豆豉、大麦、小麦、大枣、瘦肉、鱼类、蛋类、花生、黑芝麻、柑桔、蜂蜜之类；还要多吃新鲜蔬菜，如春笋、春韭、油菜、菠菜、芹菜、荠菜、马兰菜、枸杞头、香椿头等。这对于因冬季过食膏粱厚味导致内热偏胜者，还可起到清热泻火、凉血明目、消肿利尿、增进食欲等作用。过敏体质的人，应禁食含异性蛋白等刺激性食物，如羊肉、狗肉、猪头、鸡头、海鱼、虾、蟹之类。春季风大，气候干燥，水分缺乏，应多喝白开水补充体液，增强血液循环，促进新陈代谢。多饮水还可以促进腺体，尤其是消化腺和胰液、胆汁的分泌，以利消化吸收和废物的排除，减少代谢产物和毒素对肝脏的损害。

春季皮肤护理：春季气候逐渐温暖，皮肤新陈代谢旺盛，皮脂腺、汗腺分泌逐渐增多，可根据皮脂腺性状选用保湿效果较好的滋润型化妆水、面霜。春天万物复苏，自然界的各种花粉漫天飞扬，容易引起皮肤过敏反应，发生皮炎，清洁皮肤的同时也应该注重防过敏。此外，春天紫外线辐射增强，需要做好防晒。

二、夏长

充足的睡眠有利于心神的宁静，适当午睡可以补充睡眠的不足，也能有效预防冠心病等心脏疾病的发生。午睡一般应在午餐后 15 ～ 30 分钟后开始，由于坐着睡和趴着睡都不利于消除疲劳，因此午睡应以卧姿为宜。午睡时间不宜过长，以半小时为宜，临睡前不宜饮用酒、咖啡、浓茶等。

夏季皮肤护理：夏季气候炎热，皮脂腺分泌旺盛，较多的皮脂与代谢物堆积在皮肤表面，灰尘、细菌黏合附着，易形成脓疱。夏天阳光中的紫外线强烈，容易灼伤皮肤，引起日光性皮炎，加速皮肤老化。所以夏天护肤的重点在于控油、防晒和修复皮肤，不宜使用霜、膏型化妆品，应选择具有收敛、控油功效的化妆品以减少皮脂。夏天洗浴次数增加，最好选择无刺激的中性洗面奶、沐浴液。外出前应该在皮肤裸露部位涂抹防晒霜，并且注意尽量避开紫外线照射最强的时间段——上午 10 点到下午 3 点。

三、秋收

秋季，暑夏的高温已降低，人们烦躁的情绪也随之平静，秋风带来宜人的景色，此时也是养生的好时机，且夏季过多的耗损应在此时及时补充。秋季的特点是由热转冷，阳消阴长。所以秋季养生保健必须遵循“养收 ”的原则，当以润燥益气为核心，以健脾、补肝、清肺为主要内容，以清润甘酸、寒凉调配为重点。

秋季皮肤护理：秋季湿度降低，皮肤代谢逐渐减弱。应适当参加户外运动，让皮肤适应秋天的气候，此时化妆品的选择应该以增加皮肤水分、油脂为目的，如乳液、霜类、润肤露等。

四、冬藏

冬季养肺，石榴、柑桔、柿子、梨、葡萄，均有生津润肺止咳之功效，是冬季养肺的上好水果。

冬季皮肤护理：冬季寒冷干燥，多风少雨。皮肤血管收缩，代谢低下，皮肤含水量减少，此时容易出现皮肤粗糙、脱屑，甚至皲裂，也易发生外伤和冻疮。此时化妆品的选择应以增加皮肤含脂、含水量，以柔润皮肤为目的，如乳霜、乳剂、油膏等。不要频繁洗浴，洗浴后应当使用保湿乳液。如果皮肤比较干燥，晚上可以配合使用保湿面膜。

知识拓展

中国古代四季别名

春：阳春、青阳、艳阳、阳节、淑节、韶节、青春、苍灵、三春、九春

夏：朱明、朱夏、炎序、炎节、炎夏、清夏、朱律、长嬴、三夏、九夏

秋：素商、高商、金天、白藏、素节、商节、萧长、凄辰、三秋、九秋

冬：元冬、元英、元序、清冬、严节、寒辰、岁余、安宁、三冬、九冬

第三节　情绪与美容保健

学习目标

1. 了解情绪对美容保健的影响
2. 掌握合理调节情绪的方法

情绪对人们的心理、生活、学习和工作有重要影响。“心宁则智生，智生则事成。”《大学》说：“知止而后有定，定而后能静，静而后能安，安而后能虑，虑而后能得。”情绪是一种心理活动，也是一种生理活动。情绪的变化会引起生理的变化。大量事实表明，良好的情绪是维护人生理机能正常运行的前提，是防病治病的重要因素。每个人都可能遇到高兴的或不高兴的事情。高兴的事情让你随时挂着笑容，保持美好形象。如果遇到了烦心事，会让你由美好形象建立的自信心崩塌。这是因为情绪不稳定会损及人的身心健康，从而在脸上表现出来。现在对美的认知不再是单纯的外表美，而是整体美、自然美和健康美。情绪是影响健康美的一个重要因素。

一、情绪对美容保健的影响

人的情绪、行为及激素的分泌受下丘脑控制，下丘脑上通大脑皮质，下通脑垂体和其他神经组织，是调控神经、体液、内分泌的中枢。情绪的好坏不仅影响各脏器的生理功能，而且还直接影响肤色的变化。当人遇到高兴事、心情愉悦时，大脑神经调节物质乙醇胆碱分泌增多，血流畅通，皮下血管扩张，使人容光焕发，给人一种精神抖擞、神采奕奕、充满自信的感觉；相反，当人过度紧张、情绪低落时，体内儿茶酚胺类物质释放过多，肾上腺素分泌增加，动脉小血管收缩，供应皮肤的血液骤减，使人面色苍白或蜡黄，同时伴有血压升高、心慌头晕、手脚冰凉等现象。如果一个人长期郁郁寡欢、焦虑烦闷，还会使上皮细胞合成过多的黑色素，堆积于皮肤细胞中，使皮肤变得灰暗无光泽。忧愁苦闷导致神经衰弱、失眠，也会影响皮肤血液供应，使面容憔悴，眼圈发黑。不良情绪还会损害人体的免疫系统，使免疫细胞活力降低，脏腑功能减退，各种感染性疾病甚至癌症等亦会随之而来。

二、合理调节情绪

(一)控制自己的情绪

相信有很多人容易被外界无关紧要的事情左右自己的情绪，外界发生了不好的事情，自己也会很愤怒，以至于吃不好、睡不好，影响自己的工作、学习，或者干脆打乱了自己的计划。

首先要分清哪些是自己的事情，哪些是别人的事情。别人这么做是别人的事情，自己控制好自己的事情就可以了，不要因为外界事物的变化而干扰自己的情绪，因为人的能量、精力都是有限的，消极情绪会消耗掉很多精神、能量。不要为这些对你毫无意义的事情而生气，反而最后没有心情去做重要的事情。

在空乘人员的工作中也经常会遇到这种情况，当你与乘客之间出现矛盾的时候，比如飞机马上要起飞了，可是乘客还在打电话，你可以由提醒转换为讲道理，但是不能带情绪，因为这就是你工作的一部分，并且这仅仅是你的工作，不应让它影响你的情绪。

(二)内心足够强大才能成功

有对孪生兄弟出生于贫困家庭，妈妈酗酒，爸爸嗜赌。后来两兄弟长大后，弟弟无恶不作，进了监狱。记者采访弟弟，弟弟说："都是父母的错，我到现在这个地步，都怪父母不好。"记者又去采访哥哥，哥哥是一个很成功的企业家。哥哥说："我之所以能成功，是因为我的父母。"

同样是一个悲惨的家庭，为什么弟弟会沦为囚徒，而哥哥会成为企业家？因为决定命运的不是外在世界，而是你的内心。

同样的事情，内心世界不同的人，看到的、感受到的、输出的，都会不一样。比如今天班前检查仪容仪表的时候，乘务长对你的化妆技术提出了建议，乐观的人会认为："乘务长关心我，发现了我的小问题，下次我要改进我的化妆技术。"而悲观的人就会想："真烦人，我今天化妆有问题。"可能接下来都没有心思专心工作了。对于同样的事情，不同的看法、不同的想法，都会有后续的不同的连锁反应。你要始终记得，决定自己命运的，不是外在世界，而是你的内心。

(三)合理发泄，调节情绪

空乘人员长期在高空、高压、噪声、辐射和密闭的环境内工作，本身就不利于身心健康，再加上气流颠簸带来的身体不适，还有烦琐的工作，会使人感到压抑。如果空乘人员不懂得自我调节，只会越来越烦躁。当空乘人员心理不适时要及时进行调节，比如：跟家人、朋友倾诉；哭一场，发泄内心的不快；和朋友相约出游放松心情；写日记、写博客，抒发不满，等等。通过多种渠道，将自己内心的不愉快及时地进行宣泄、排解，以保持更好的工作状态。

知识拓展

如何应对不良情绪?

每个人都渴望时时如意、事事顺心，但生活有甜也有苦。当面对疾病纠缠、追求失意、奋斗受挫、情感伤害、工作压力等困扰时，不良情绪就会产生。不良情绪是对你自己的提醒，告诉你这段时间在工作、生活上出现了一些问题，需要着手解决了。那么，怎样应对生活中出现的不良情绪呢?

1. 学会倾诉

当遇到不开心的事时，不要一个人生闷气，应学会倾诉。每个人都有几个知心朋友，大家聚一聚，一壶清茶、一杯咖啡，就事论事地把烦恼说出来，听听他们的意见；或交流一些趣闻轶事，大家开怀一笑，不良情绪也就烟消云散了。

2. 放声高歌

音乐是人的朋友。不同的音乐会带来不同的心境：古典乐的厚重让你沉静，轻音乐的明快助你一扫忧郁。也可以听听自然的声音，如森林里的鸟鸣声、大海拍打礁石的海浪声，都有助于缓解不良情绪。除了听音乐，唱歌的效果也很好。拉几个好友去 KTV 高歌一曲，唱歌时有节律的呼吸运动可以缓解紧张。当然，要注意选歌，比如失恋了就别选苦情歌，否则内心产生共鸣，会让你更伤心。

3. 换个环境

心情不好时，千万别闷在屋子里，否则不良情绪会弥漫整个房间，让你越发不快乐。赶紧走出去，侍花弄草、观赏鸟语花香、挥毫泼墨、垂钓等，这些活动能助你缓解焦躁情绪，以静雅的心态平息不良情绪。

4. 大声痛哭

痛哭是释放不良情绪的好方法。医学研究发现，人在伤心时流出的泪水可以减轻压抑情绪。当然，如果遇事就哭，时时悲悲戚戚，反而会加重不良情绪。

另外，适当换换衣服的颜色和风格、给自己放个假、有意识地暗示自己常微笑等，都是调节不良情绪的好办法。

第四节 运动与美容保健

学习目标

1. 了解合理运动对美容保健的重要意义
2. 知道什么是有效的有氧运动
3. 掌握让肌肉紧实及骨骼强健的方法

最有效，也最健康，同时也最廉价的美容保健方式就是运动。经常参加体育活动对皮肤最重要的影响是增强皮肤的血液循环。体育活动能促使血液流到肢体的末端，使皮肤得到更多的营养，促使皮肤中数以万计的细小的血管扩张，这对皮肤和整个身体很有好处。运动的另一好处是能提高皮肤的温度。当我们进行体育活动时，体内产生大量热量。这时血液便作为循环的“冷却器”，把体内的多余的热量带到身体的表面散发出去，热量产生越多，皮肤的血流量便越大。温度对皮肤状况是非常重要的。对运动员进行研究发现，在训练期间，运动员皮肤中含胶原的成分提高了，厚度也增加了。

一、容颜焕发：出汗比敷面膜有效

想要延缓皮肤衰老，排毒、保湿、营养这三方面缺一不可。如果毒素排不出来就容易长斑、长痤疮；保湿没做好就可能干裂；营养没跟上就会长皱纹。运动则可以一石三鸟，全面解决皮肤问题。

运动一般都会出汗，汗液能把皮肤中的污垢排出来，所以，我们运动出汗之后就会觉得皮肤很舒服，而且精神焕发，这比我们敷面膜更有效。运动出汗还会刺激皮肤和细胞油脂的分泌，适当的油脂是适合每个人体质并且无刺激性的天然保湿剂。另外，运动会加快血液循环，血液中的养料和水分能够有效地传达到皮肤细胞，皮肤细胞“吃饱喝足”了，整个皮肤就会充满弹性、容光焕发。

二、心跳有力：有氧运动强壮心脏

心脏衰老的表现有两个：一个是心肌力量的减弱，心脏跳动不再怦怦有力；另一个是心脏内血管循环不畅通。虽然随着年龄的增长，心脏衰老在所难免，但是通过坚持不懈的运动可以延缓心脏的衰老。运动可以增加心肌力量。运动时心脏自然就会加快跳动，心脏的泵血能力就会提上去，心肌力量在这个过程中就会得到锻炼。另外，运动可以加速血液的流动，分解血脂，保持心内血管畅通，增加血管的弹性，改善血液的黏稠度。

能够锻炼心脏功能的有氧运动有很多，常见的有慢跑、游泳、健美操、登山、越野、跳绳、各种球类运动及快步走等。对于空乘人员，不建议从事剧烈运动，最好以室外的慢跑、登山、快走等为宜，既呼吸了新鲜空气，又锻炼了心脏功能。

在进行有氧运动时，首先要认真做好热身准备活动；其次应该循序渐进、把握运动强度。如果运动强度太大，不仅会增加心脏负担，也达不到延缓心脏衰老的目的。一般健康人群每次有氧运动时间应在 30 分钟左右，每周 3 ～ 4 次即可。

三、肌肉紧实：锻炼核心肌肉群防萎缩

随着年龄增长，肌肉会逐渐萎缩，运动是延缓肌肉衰老唯一的方法。

日常生活中的锻炼活动以四肢锻炼为主，其实，还应该经常锻炼核心肌肉群。不管是什么运动，甚至是日常生活中的搬东西、做家务、走路，都离不开核心肌肉群。核心肌肉群包括腹部、下背及臀肌，它能够保证身体的稳定度、爆发力及肌耐力，让人在走路或跑步的时候更轻盈。肌肉如果不运动就会萎缩，而萎缩最快的就是核心肌肉群。

四、骨骼强健：负重运动增强骨质

骨骼的生长和保养遵循“用进废退”的原则。在青少年的时候，经常锻炼，骨质和骨量就会慢慢积累，到老了才不容易发生骨质疏松；相反，如果年轻时不喜欢运动，到了中老年的时候，骨质就会比别人差很多。

延缓骨骼衰老可多做负重运动。在做负重运动时，骨骼肌会不断收缩、牵拉刺激骨骼，所以，负重运动相对于非负重运动对骨骼的刺激会更大。负重运动应该适量，连续运动 0.5 ～ 1 小时，以适度出汗为宜。

通过运动既能增加皮肤的紧实度，还能起到保护心脏的作用，让人能随时容光焕发，同时合理适当的运动对保持体形也非常有帮助。作为空乘人员不应只注重面部的美容，也要保证身形整体的协调与匀称，才能以更靓丽的形象去完成工作。

第五节　睡眠与美容保健

学习目标

1. 了解睡美容觉的好处
2. 知道正确睡美容觉的方法
3. 了解四季美容觉的规律

睡眠是生物的一种保护机制，也是生存和健康的必须。人的睡眠占了人生的三分之一时间，可以说睡眠是生活质量的基础。

研究表明，从午夜至凌晨 2 点，人表皮细胞的新陈代谢最活跃，表皮细胞进行再生，肌肤进行自我调整。此时若不能进入睡眠状态，将影响细胞再生的速度，导致肌肤老化。所以，睡“美容觉”对保养皮肤很有意义，胜过许多大牌护肤品。俗话说“会睡的女人美到老”，此话一点不假。要想漂亮健康，必须保证充分的睡眠。

一、睡美容觉的方法

（一）定点睡、定点起，养成好习惯

要注意睡眠的规律，晚上定点睡，早上定点起。要有良好的睡眠环境，比如室内的温度要适宜，不要过冷或过热；睡前不要吃得过饱；白天要有适度的锻炼，增加躯体的疲劳度。这些对于晚上的睡眠都有一定的好处。

（二）保持良好睡眠行为

建立规律性睡眠模式的措施包括：只在有睡意时才上床；床和卧室只用于睡眠；不在床上阅读、看电视或工作；上床后 15 ～ 20 分钟不能入睡，就起床去另外的房间，仅在有睡意时才回到床上；无论夜间睡多久，清晨准时起床；白天不打瞌睡等。

（三）健康的睡姿

一般情况下，睡姿最好为侧卧，仰卧次之，尽量不要俯卧。

侧卧时，双腿微曲，脊柱略呈弓形，全身肌肉能达到最大限度的放松；仰卧时，身体和两腿呈伸展姿势，脊柱肌肉难以完全放松；俯卧容易影响呼吸，不宜选择。

侧卧时，以右侧卧为最佳。此时心脏和胃在上，可减轻心脏负担，利于食物在胃内运转。有胃炎、消化不良、胃下垂及鼾症的人尤其适宜右侧卧。

侧卧可能使本身已有动脉硬化的脑梗死患者颈部血流的速度减慢，形成血栓，因此这类患者适宜选择稍高的枕头，以及采取仰卧姿势。仰卧时，可在膝关节后方垫上枕头或软垫，以减轻腰部前屈，使腰背充分放松。

（四）适当午睡

入睡半小时后进入深睡眠，这时正处于中枢神经抑制的阶段，流经脑组织的血液相对减少，人体肌肉放松，体内代谢减慢。若此刻醒来，神经抑制尚未解除，易出现周身不适、头晕眼花、疲劳不堪的症状。所以午睡不宜过长，以不超过半小时为宜。

（五）合理饮食

要学会自我调节，多吃一些有助于睡眠的食物，如苹果、红枣、百合、小米粥、核桃、蜂蜜、葵花子等，睡前不妨喝杯牛奶，帮助松弛神经，保持健康的生活方式和轻松的心情，将失眠对身体的影响降到最低。

二、睡美容觉的好处

（一）抗衰老：睡得好，脑不老

良好的深度睡眠，可以在夜晚清除大脑中的“毒蛋白”，防止它们累积破坏大脑细胞。这种“毒蛋白”叫 β 淀粉样蛋白，是一种很可能会导致老年痴呆发生的“毒素”。大脑中“毒蛋白”多的人，睡眠质量差，记忆力也差。良好的睡眠能促进“排毒”，睡眠质量差则影响“排毒”。

优化睡眠可延缓大脑老化，减少“毒蛋白”对大脑的破坏，从总体上改善人的健康状态，包括心理健康，而肥胖、高血压、高血脂、高血糖等慢性病也会更轻。

（二）减肥：睡够了，才会瘦

在面临体重上升和肥胖问题时，很多人归咎于运动量不够或者饮食没注意，但却忽视了睡眠的重要性。睡眠时间影响瘦素和脑肠肽分泌水平。瘦素是抑制食欲和促进能源消耗的激素，而脑肠肽可以刺激食物摄取。睡眠时间短会降低瘦素分泌水平，提高脑肠肽分泌水平，其结果是，食欲增强，会增加不必要的能量摄入，导致肥胖。如果醒着的时间长，进食机会也多，能量摄入跟着增多。所以，要减肥的人，除了关注运动和饮食，也要重视睡眠。

（三）起床气：睡眠足，消掉“气”

不少人因为被催着起床，会发脾气，这就是“起床气”。其实，“起床气”大，睡眠不好、睡眠不足是主要因素。

睡眠专家介绍，“起床气”（异态睡眠）包括一些异常的情绪和行为，通常表现为烦躁、易怒、冲动，严重的甚至会表现为暴力。成年人引起觉醒时的烦躁原因多是失眠，出现冲动、暴力较少见；未成年人睡眠不足易诱发异态睡眠中的“意识模糊性觉醒”，当他被强制唤醒时，可能出现异常情绪和行为，如在床上打滚、大喊大叫、哭泣，甚至出现冲动、暴力行为。

建议：偶尔“起床气”大，可试着改变睡眠习惯，保证充足睡眠，避免突然强行大声唤醒，可用闹钟、音乐逐步唤醒。“起床气”大又频频发作，自行调节无明显改善，应到正规医疗机构睡眠医学科、精神心理科就诊。

三、四季合理睡眠

（一）春季晚睡早起

春是万物开始生长之季，天地之气开始萌发，故春天的睡眠应该是“夜卧早起”。具体睡眠时间，一般在晚上 10 点半左右入睡即可；早晨要早起，6 点左右为宜，这样有利于体内阳气的生长。

（二）夏季睡时最短

夏季万物处于盛极状态，人体也是如此。随着活力渐入高峰，人清醒的时间也会大大增加，因而夏季作息更需要“夜卧早起”。与春季不同的是，因为夏季的白天时间长，所以睡眠时间应该更晚些，可在 11 点左右上床，但早起时间不变。

（三）秋季早睡早起

如果春天的“生”和夏季的“长”做得比较好，那么到了秋季，人体就会达到四季中最平衡的状态。此时的人体状态从夏季时的亢奋转变为秋季时的内敛，因此最好早些入睡，每天保持至少 8 小时的睡眠时间。秋季虽开始收敛，因此在早睡的时候，要注意早起，以顺应阳气的舒张。

（四）冬季早睡晚起

冬季主“藏”，动植物多进入冬眠状态，以养精蓄锐，为来年生长做准备。人体也应该顺应自然界而适当减少活动，以免扰动阳气，损耗阴精。这个季节的睡眠要“早卧晚起”，最好天明才起。但也不应起得太晚，否则阳气无法舒展升腾，不利于身体的阴阳平衡。

充足的睡眠是保持青春常驻的首要条件。通过生活实践，许多人已感觉到，良好的睡眠是“美容大师”。人一熬夜便会肤色暗淡，面部皱纹增多。这是由于睡眠不足，皮肤细胞的种种调节活动受到阻碍，血液循环不良，水分和脂肪分泌过少，皮肤易干燥而产生皱纹。相反，人睡眠充足，不仅使头脑与身体得到充分休息，同时也使皮肤所需营养得到补充，因而人会肤色健康，有一种精神焕发的感觉。现代社会生活节奏快，工作压力大，使得人们没有正常的作息时间。作为空乘人员想拥有美丽健康的皮肤，就请尽情享受你的美容觉吧！

测一测

你的睡眠质量达标了吗?

2017年美国睡眠协会发布了一份“睡眠质量建议”，用以下标准进行自测，就能知道你的睡眠质量是否达标。

1. 能在30分钟内入睡

建议睡前1小时不要玩电脑、手机。如果这不管用，可以稍稍推迟一些睡眠时间，等你真觉得累了再上床睡觉。

2. 每晚醒来5分钟以上不超过1次

如果你夜里醒来几次，都是翻个身又睡过去了，就没有问题。如果是65岁以上的老年人，每晚醒来2次也属正常。

3. 醒后在10分钟内能重新入睡

醒来后10分钟内，一般身体还保持放松状态，容易重新入睡。一旦超过了这个时长，身体就会触发一系列反应，让你越来越清醒。

4. 在床上有85%的时间在睡觉

如果凭主观感受难以判断，那么你可以用睡眠效率公式算出睡眠质量好坏：

睡眠效率 = 睡眠时间 / 在床上的时间

如果结果大于85%就算正常，达到90%就已经很好了。

复习与思考

1. 本章中讲到的影响美容与保健的因素有哪些？
2. 请说说你的日常饮食的特点，你认为有哪些需要改进的地方？
3. 请举一个你生活中因为情绪影响导致不良后果的例子，并进行自我剖析。
4. 请制订一个适合自己的健身计划。

第七章

空乘人员的气质提升

弗朗西斯·培根在诠释美的时候说：“相貌的美高于色泽的美，而优雅适宜的动作美又高于相貌的美，这才是美的精华。”作为一名空乘人员，光有漂亮的外表是不够的，还要有高雅的气质。由于性格不同，内在修养不同，行为习惯不同，每个人都以个人的文化素养、学识和思维能力为核心，形成一种非凡的独特气质。气质需要长时间的培养和锻炼。气质美是由内而外散发的，是心灵美与外在美的契合。

第一节　空乘人员的素质与形体美

学习目标

1. 了解空乘人员的基本素质
2. 了解空乘人员形体美的要求、类型和评价标准

一、空乘人员的基本素质

（一）基本条件和职业道德素质

航空公司对空乘人员的基本条件和职业道德素质有着较高的要求，不仅对外在的身高、体形、视力有一定要求，同时也要求空乘人员具备优雅的气质、迷人的风度以及春风化雨般的亲和力，达到真正的内外兼修。

首先，身高必须达标，无明显的O形腿、X形腿，无色盲，无疤痕和文身等；其次，要具备良好的英语口语能力和深厚的文化底蕴与内涵，因为空乘人员要服务不同类型、不同国籍的乘客，熟知天文、地理、历史、各国文化等知识是必不可少的；再次，应当讲文明、讲礼貌，体现个人的礼仪素养，如：姿态优美、行为文雅、谈吐风趣、笑容亲切等；最后，要有吃苦耐劳、勇于奉献的精神。

由于职业的特殊性，空乘人员在实际工作中会比较辛苦，并面临不可预知的困难和突发状况，这就要求空乘人员具备良好的职业道德，热爱本职工作，不怕吃苦、勇于担当、全心全意地为乘客服务。乘务工作既是服务工作，更是安全工作，既关系到航空公司服务水平的高低，更关系到乘客生命和国家财产的安全，责任重大。空乘人员必须以高度的职业道德和吃苦奉献精神认真对待每一个细节问题，这是空乘人员应该具备的最基本的素质。

（二）形象素质

第一印象对空乘人员来说特别重要，它能以最鲜明、最深刻的方式印在乘客的脑海里。空乘人员的形象不仅代表着个人，还代表着航空公司。空乘人员的精神面貌不仅代表了航空公司的形象，某种程度上也体现了一个国家的整体风貌。所以，

空乘人员只有注意自己的仪容仪表、言谈举止，做到干净整洁、端庄大方、举止优雅、语言亲切，才能为自己的形象素质加分，为航空公司乃至国家加分。空乘人员形象见图 7－1。

图 7－1　空乘人员形象

（三）身体素质

空乘行业对从业人员身体素质的要求比较高。首先，要有一个强健的体魄，有一个好身体才是职业成功的第一步。其次，必须要适应高空环境和地面环境的交替。空乘人员常年在高空环境下开展工作，平日里要加强身体锻炼，多做有氧运动，例如：游泳、慢跑、骑自行车等，提高身体机能，更好地满足工作的需要。

（四）心理素质

空乘行业对从业人员心理素质的要求相对较高，如情绪控制能力、沟通协调能力、应变创造能力、语言表达能力，对空乘人员来说都是非常重要的。人的心情不同，对工作的态度就会不同。心情好时，会对工作充满热情、积极上进；相反，当受到外界因素的影响时，如家庭问题、工作问题等，难免会把负面情绪带到工作当中。具备良好心理素质的空乘人员，能够积极对待工作，自信地解决工作中的问题，在各种环境中都能保持良好的心理状态。所以，空乘人员要不断寻求自我完善、自我成长，做到对情绪的良好掌控，从而提升自己的心理素质。

（五）专业技能素质

空乘人员只有具备过硬的专业技能，才能在工作中保证客舱安全，更好地为乘客提供优质服务。首先，要学习并掌握行业相关理论知识，飞行航线情况，目的地国家或城市的人文地理、风土人情、政治、经济等基本概况。其次，要掌握飞机设备的正确操作，机上急救、逃生等相关处置技能，面对突如其来的危险或意外时，能够冷静、快速地采取措施，保护客舱和乘客的安全。最后，要掌握飞行工作的服务流程，具备规范的服务能力、娴熟的服务技巧和贴心的服务理念，强化服务意识，为乘客带来优质且美好的服务体验。

二、空乘人员形体美的要求、类型及评价标准

（一）形体美的要求

形体美是一种天然健康的美。健康是美的首要条件。因为美是建立在健康之上的，所有有损于健康的美不会长久，也不可能是真正的美。一个人的身材、容貌与先天因素和后天因素密切相关。形体美来源于科学合理的营养和锻炼，这是青春长驻、健美持久的重要因素。

1. 体形美

体形美是指人的体形匀称而协调。脊柱是体形美的关键，挺拔的身姿、优美的曲线，人体的各种基本姿态都以脊柱为基础。形体训练可以促进脊柱、胸廓和骨盆等支持器官发育完善，为塑造健美体形创造条件。此外，通过形体训练能使站、坐、走更加有型，坐如钟、站如松、行如风，形成高雅大方的体态。

女性体形美的主要特点就是线条美。具有优美线条的女性体形是在人类漫长的进化中形成的高度完善的结果。塑造体形美主要是控制体重，消除身体各部位多余脂肪，同时适当地增长肌肉，使身体的各个部位更协调、匀称。

2. 姿态美

姿态美是指身体形态的美，包括坐、立、走的身体姿态。姿态美包括动态美和静态美两种。动态美体现在走、跑、跳等基本活动中表现出的各种各样的姿态。这些活动如能沿着正确的运动轨迹进行，会显示出舒展大方的姿态美。静态美则体现在坐、立等动作中所表现出的各种姿态。

3. 肌肉美

肌肉是附着在骨骼上、皮肤下的组织，它包括颈、胸、背、臂、腰、臀、腿等部位的肌肉。各部位肌肉的和谐运动可给人以美感。身体的形态，与肌肉是否均衡、丰满、富有弹性和柔韧性关系密切。肌肉美在形体美中是非常重要的。

因此，形体训练要以身体练习为基本手段，增强体质，塑造体形，培养正确优美的姿态和动作，促进人体形态完美。形体训练是塑造形体美、姿态美、肌肉美必不可少的方法。

（二）体形的类型

人的体形是指人体解剖结构形成的外部特征，实际就是人体骨骼、肌肉、脂肪等的组成比例和分布状况。这些组成比例和分布状况的不同，构成了各种各样的体形。近年来许多专家、学者从不同的角度对男女体形进行了大量的研究，把人体体形分为以下五种类型。

1. 力量型

力量型体形的特征是肌纤维特别粗壮，肌肉特别发达，线条轮廓特别明显，这是现代健美运动员所崇尚的体形。这种体形主要是采用杠铃、哑铃、单项或综合训练器械锻炼形成的，通过做各种力量练习，使全身的肌肉群都得到强有力的、协调的、匀称的发展。

2. 体能型

体能型体形的特征是肌肉发达、比例匀称，这是适于参加各种运动的体形。米隆的塑像《掷铁饼者》就是这种体形的典型代表。这种体形是通过采用多种器械和手段锻炼形成的。

3. 多姿型

多姿型体形的特征是肌肉发达而不多余。现代芭蕾舞演员、艺术体操运动员、健美操运动员和健身小姐的体形多属于多姿型。这种体形多是通过体操化动作、舞蹈动作和轻器械锻炼形成的。这是现代女性所追求的体形。

4. 姿态型

姿态型体形的特征是将肉体和姿态两者相结合。塑造这种体形，除了采用各种身体锻炼来调整身高、体重和体围的比例外，还要约束自己的一举一动，力求规范化，从而形成自己独特的风度和姿态。这是现代生活中人们所追求的体形。

5. 适应型

适应型体形的特征是从自己的实际情况出发，有针对性地采用身体锻炼，使身高、体重和体围比例更协调，充分发挥自己体形的优势，设法弥补体形的不足，塑造自己理想的体形。这是现代大众所追求的体形。

（三）形体美的评价标准

形体美是指健、力、美的有机结合。形体美从自然美的角度来看，主要指谐调、丰满、有生机、有力量；从造型美的角度来看，应该是匀称、均衡、稳定、统

一。即寓美于健、健美相融。关于形体美的评价标准有很多，因年代、性别和民族等因素的差异，评价标准也不是固定不变的，下面主要介绍两种具有代表性的评价标准。

1. 传统形体美的评价标准

（1）男性肩膀宽阔，身躯坚挺，胸脯厚实，肌肉饱满结实，壮实而不臃肿，体型呈上宽下窄的倒三角形。

（2）女性体态轻盈，线条优美流畅、圆润柔和，肌肉和脂肪量适中，胸部和臀部曲线起伏适度。

2. 现代形体美的评价标准

（1）形体美的感官评价标准。

1）骨骼发育正常，身体各部分之间比例适宜匀称。

2）站立时，头、颈、躯干和脚的纵轴在一条垂直线上。

3）头、躯干、四肢比例以及头、颈、胸的连接适度，上、下身比例符合“黄金分割”比例。

4）女性体态丰满而无肥胖臃肿感；男性体态矫健，显阳刚之气。

5）双肩对称，无耸肩或垂肩之感。女性肩膀微圆，略显下削；男性肩膀相对宽阔，略显结实、饱满。

6）脊柱背视成直线，侧视具有正常的生理弯曲度。

7）女性胸部丰满而不下垂，侧视有明显的女性线条特征；男性胸部略带肌肉，厚度均匀。

8）女性腰部细而扁平，从正面看明显比胯部窄，侧面看后腰与臀部形成明显的曲线；男性腰部结实而有力，略带腰腹肌肉。

9）女性臀部圆润，形似水蜜桃，上翘而不下垂；男性臀部健硕浑圆，饱满有型。

10）女性下肢修长，无头重脚轻之感，大腿线条柔和，小腿肚位置较高且不凸出；男性下肢相对健壮，大小腿有明显肌肉线条。

11）踝细、足弓高，两腿并拢时正视和侧视均无屈曲感。

12）肌肉富有弹性，能显示出人体形态的强健、协调。

13）从整体看，无粗笨、虚胖、纤细、重心不稳、比例失调、形态异常的感觉。

（2）形体美的评价指数。

1）女性：

上、下身比例：以肚脐为界，上下身比例应为 5∶8，符合“黄金分割”比例。

胸围：由腋下沿胸的上方最丰满处测量，胸围应为身高的 1/2。

腰围：腰的最细部位，其标准围度比胸围小 20 厘米。

髋围：在髋部的最大部位测量，髋围应较胸围大 4 厘米。

大腿围：在大腿的最上部位、臀折线下测量，大腿围应较腰围小 10 厘米。

小腿围：在小腿最丰满处测量，小腿围应较大腿围小 20 厘米。

足颈围：在足颈的最细部位测量，足颈围应较小腿围小 10 厘米

手碗围：在手腕的最细部位测量，手腕围应较足颈围小 5 厘米。

上臂围：在肩关节与肘关节之间的中部测量，上臂围应等于大腿围的 1/2。

颈围：在颈的中部最细处测量，颈围应与小腿围相等。

肩宽：即两肩峰之间的距离，应等于胸围的 1/2 减去 4 厘米。

2）男性：

身体的中心点应在股骨顶部。

向两侧平伸两臂，两手中指尖的距离应等于身高。

肩宽应等于身高的 1/4。

胸围应等于身高的 1/2 加 5 厘米。

腰围应较胸围小 15 厘米。

髋围应等于身高的 1/2。

大腿围应较腰围小 22.5 厘米。

小腿围较大腿围小 18 厘米。

3. 局部形体美的评价标准

整体的形体美是由身体的每个局部美组成的，所以局部美起着至关重要的作用。

（1）胸部。

对女性胸部进行审美评价，一般要考虑以下几个因素：外形、大小、挺拔程度、位置高低等。理想的女性胸部应具备这几点：丰满、匀称、柔韧、有弹性；位置较高，在第二至第六肋骨间；基底直径为 10 ～ 12 厘米，高度为 5 ～ 6 厘米；外观形态挺拔，呈半球型或小圆锥型。

（2）腰部。

腰部是女性曲线美的核心，是身体线条美中最富于变化的部位，该部位的形态美主要体现在两侧曲线的圆润以及上起胸部下接臀部曲线的柔和变化。女性的腰部应比例恰当、粗细适中、圆润、柔韧灵活，能体现一种活泼的青春之美。男性的腰部应粗壮结实，有棱角分明的腰肌，体现男性特有的刚毅力量。

（3）腹部。

美的腹部应是平坦并有优美的对比曲线；柔软而有弹性；皮肤无色素沉着、无

脂肪堆积及松弛下垂现象。

（4）臀部。

女性臀部形态圆润，脂肪丰厚，盆骨宽大。男性的臀外形像蝴蝶，棱角突出，两个臀窝明显，肌肉结实，弹性好，骨盆宽度适中。美臀衡量标准：形态圆润，脂肪肌肉丰腴，富有弹性；曲线柔和流畅；大小与腰围粗细比例恰当。

（5）腿部。

女性的腿应该丰满、细腻而富有弹性，小腿肚应浑圆适度，脚跟结实，踝部细而圆。男性的腿以健壮、结实、棱角分明、肌肉显著为美；大腿应呈圆柱形，小腿以腿肚壮圆有力为好。

三、形体的测量方法与标准

（一）标准体重测量方法

男性：［身高（厘米）−80］×70%＝标准体重

女性：［身高（厘米）−70］×60%＝标准体重

（二）臂展测量方法

臂展（厘米）＝身高（厘米）−2

（三）质量指数测量方法

质量指数＝体重（千克）÷ 身高（厘米）×1000

我国 20 ～ 25 岁的城市青年标准：男子为 260 ～ 403；女子为 271 ～ 387。

（四）坐高指数测量方法

坐高指数＝坐高（厘米）÷ 身高（厘米）×100

我国 18 ～ 25 岁青年男子平均为 53，女子平均为 54。

（五）肌肉发达指数测量方法

肌肉发达指数＝［（两上臂围＋胸围＋两大腿围＋两小腿围）÷ 2］÷［（两腕围＋两膝围＋两胫骨围）÷ 2］

得出来的指数越大越好。

（六）体重指数测量方法

BMI= 体重（千克）÷ 身高 ^{2}（米）

BMI 粗略地反映一个人的胖瘦程度。BMI 值在 18 ～ 24 为正常，BMI<18 偏瘦，BMI> 24 偏重。

（七）体脂率测量方法

体脂率 =1.2 × BMI+0.23 × 年龄 −5.4−10.8 × 性别（男为 1，女为 0）

（1）女子体脂率说明：

10% ～ 12%：健美运动员的水平。女子最低的体脂率在 8% ～ 10%，因为女性的乳腺和子宫周围需要一定的脂肪维持生理功能。

15% ～ 17%：健身发烧友的水平，有马甲线，有臂肌。

20% ～ 22%：运动员的正常水平，全身的肉都是结实的，但是肌肉并不十分明显。

25%：大众美女的身材，较为匀称

30%：大腿有点粗，屁股和肚子上有赘肉。

35% ～ 40%：丰满的体形，全身都有赘肉，特别是肚子。

45% ～ 50%：臀部与肩同宽，大量脂肪使得皮肤不再嫩滑。

（2）男子体脂率说明：

3% ～ 4%：血管清晰，肌肉条纹几乎都可见，臀部没有任何脂肪。如果要维持正常生理状态，体脂率必须要高于 3%。

5% ～ 7%：全身肌肉明显，手臂和腿部都有清晰的血管，腹肌明显，只有少数人能达到该水平。

8% ～ 10%：体形健美，腹肌明显。

11% ～ 12%：仍有肌肉轮廓，但大多没有明确分离，还算结实。

13% ～ 15%：大众男性的身材，腹部有“小肚子”，看得到肌肉，但不紧实。

16% ～ 19%：身体初步发福，肚子和臀部赘肉明显增加。

20% ～ 24%：腰部、背部、大腿、小腿都有脂肪，肚皮凸出，中年男子的常态。

25% ～ 30%：有啤酒肚，没有胸肌，胳膊也松垮垮的。

35% ～ 40%：爬楼梯或者弯腰捡东西变得困难，严重者站立时低头看不到自己的脚趾头。

知识拓展

我国航空公司招聘空乘人员的基本要求

以国航 2020 年空中乘务员招聘为例：

一、年龄

1. 大专（含）以上学历：18 ～ 25（含）周岁；
2. 研究生学历：18 ～ 28（含）周岁；
3. 成熟乘务员：18 ～ 30（含）周岁，且累计飞行须满 1200 小时。

二、身高

女：163～173厘米；

男：173～185厘米。

三、体重（千克）

女：[身高（厘米）–110]×90%～[身高（厘米）–110]；

男：[身高（厘米）–105]×90%～[身高（厘米）–105]。

四、视力（C字表视力标准）

女：矫正视力0.5以上；

男：裸眼视力0.7以上。

五、素质条件

1. 学历。

（1）国内院校应聘者：普通全日制大学专科（含）以上学历，专业不限；对于综合条件优秀的成人教育应聘者可适当放宽，须提供“教育部学历证书电子注册备案表”。

（2）国外院校应聘者：须提供教育部留学服务中心的国外学历学位认证书，专业不限。

2. 具有良好的英语口语水平。

3. 普通话发音标准，口齿清晰，表达流利。

4. 五官端正、身材匀称、动作协调、形象气质佳。

5. 具有乘务飞行经历、医护经验或持有小语种相应等级证书的应聘者，可在同等条件下优先录用。

六、其他

1. 拥有中华人民共和国公民身份。

2. 本人及家庭成员无犯罪记录，符合空勤人员背景调查相关要求。

3. 男性须取得乘务员、安全员双执照。

4. 符合空勤人员体检相关要求。

练一练

1. 一名合格的空乘人员应具备哪些素质？

2. 空乘人员形体美应达到怎样的标准？

3. 测量自己的身材比例是否达到民航企业用人标准。

第二节　空乘人员塑身训练

学习目标

1. 掌握仪态礼仪，包括站姿、走姿、坐姿、蹲姿的动作要求与禁忌
2. 掌握芭蕾形体训练的动作要领
3. 掌握瑜伽基础体式的训练方法

一、礼仪仪态训练

（一）优美的站姿

1. 站姿的要求与禁忌

（1）基本要求：两脚平放，两腿伸直，膝盖内侧夹紧，髋关节上提，臀部肌肉夹紧并向上提，收腹，立腰，两肩放平、下沉，同时后张，颈直，头正，头顶的感觉向上。男性体现出刚健、潇洒、英武、强壮的风采；女性体现出柔美、轻盈、典雅的优美感。

（2）禁忌：身体歪斜、弯腰驼背、趴伏倚靠、双腿叉开过大、脚位不当、手位不当、半坐半立、全身乱动等。

2. 不同站姿训练

（1）女空乘人员站立时手臂自然下垂置于腹前，将右手搭于左手上，四指并拢，两手虎口微张交叉；在客舱中采用“V”字步站姿（见图 7－2），其他场合可采用“丁”字步站姿。

（2）男空乘人员站立时手臂自然下垂于体侧，也可前搭于腹前，五指自然并拢半握拳，左手搭在右手上（也可手臂后搭，一般在服务中不采用）。当手臂下垂时，采用“V”字步站姿；前搭手时，可采用“V”字步站姿，也可两脚微开，宽度不超过肩宽（见图 7－3）。

图 7－2 “V”字步前搭手

图 7－3 跨步前搭手

（二）优雅的走姿

1. 走姿的要求与禁忌

（1）基本要求。

1）走姿自然，上体正直，稍向前倾，两肩放平，挺胸收腹，两手前后自然摆动。

2）步位要直：女士迈步时，两脚的内侧踩在一条直线上，即所谓“一字步”“柳叶步”；男士迈步时，两脚脚跟在一条直线上，脚尖可适当分开，即所谓“平行步”。

3）步速适中，步履自然舒缓，显得成熟自信。男士步速每分钟为 108 ～ 110 步，女士每分钟为 118 ～ 120 步。

4）步幅适度，跨步均匀，两脚间的距离为脚长的 1 ～ 1.5 倍。

走姿可以体现一个人的精神面貌。女性走姿以轻松、敏捷、健美为好（见图 7－4），男性走姿要求协调、稳健、庄重、刚毅。

（2）禁忌：身体乱摇乱摆，晃肩、扭臀；方向不定，到处张望；以“外八字”或“内八字”迈步；步速太快或太慢；重心向后，脚步拖拉；多人行走时，勾肩搭背、大呼小叫；弓腰驼背行走；行走时只摆小臂；脚蹭地面行走。

2. 不同走姿训练

（1）后退步：与人告别时，应当先后退两三步，再转身离去。退步时脚轻擦地面，步幅要小，先转身后转头。

（2）引导步：用于走在前边给宾客带路的步态。引导时要尽可能走在宾客左前方，整个身体在行进中不时稍半转向宾客方向，与宾客保持两步的距离。遇到上下楼梯、转弯、进门时，要用手势示意，并运用语言提示宾客。

正面

侧面

图 7－4　女士标准走姿

（3）前行转身步：在前行中要转弯时，要在所转方向另一侧的一脚落地后，立即以该脚掌为轴，转过全身，然后迈出另一脚。即向左转，要右脚在前时转身；向右转，要左脚在前时转身。

（4）搀扶帮助步：在服务过程中，经常会用到搀扶帮助服务。首先，服务时要选准对象，确认对方确实需要搀扶；其次，搀扶的方法得当，即一只手臂穿过对方的腋下，架着其胳膊，再以另一只手扶在其小臂上，用力之处主要是穿过对方腋下的那只手臂，步速要适中。

（三）端庄的坐姿

1. 坐姿的要求与禁忌

（1）基本要求：头部端正、两肩放平、立腰、收腹、上体自然挺直。入座后女士双膝并拢，双手叠放于腿上；男士双膝微开，双手可放平或半握拳放在膝上。为了保持良好坐姿，最好坐椅子前三分之二的位置。

女士和男士标准坐姿见图 7－5。

（2）禁忌：男士双腿叉开过大；女士双膝分开；双腿直伸出去；跷二郎腿；腿部抖动摇晃；以脚蹬踏他物；脚尖指向他人；上身向前趴伏或倚靠椅背；手抱在腿上或夹在双腿间。

2. 不同坐姿训练

（1）标准式：上身直立，双肩平正，双臂自然弯曲，两手叠放在腿上，两膝并拢，小腿垂直于地面，两脚保持平正。同时形成三个 90 度：脚与小腿 90 度，小腿与

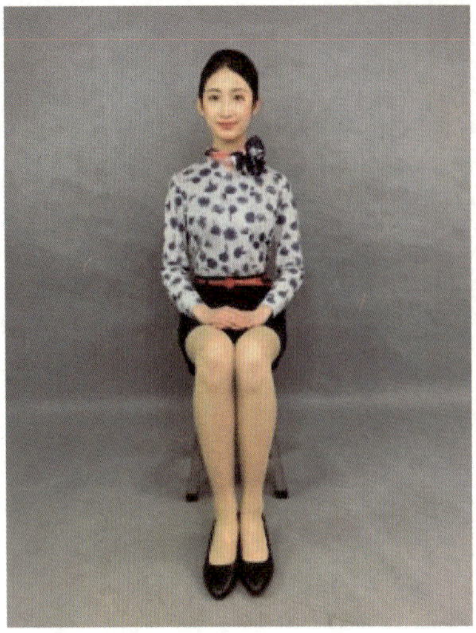

女士标准式坐姿

男士标准式坐姿

图 7－5　标准式坐姿

大腿 90 度，大腿与上身 90 度。

（2）开关式：在标准式的基础上，一只脚向前半步，全脚掌着地，另一只脚向后半步，脚掌着地，注意两脚要在一条线上，并且脚尖始终朝向正前方（见图 7－6）。

（3）侧点式：两小腿向左（或向右）斜出，两膝并拢，里侧脚的脚跟靠拢外侧脚的内侧，双脚脚尖点地；大腿与小腿形成 90 度，小腿要尽量延伸，这样会显得腿部修长（见图 7－7）。

图 7－6　开关式坐姿

图 7－7　侧点式坐姿

（4）侧挂式：在侧点式的基础上，里侧腿提起，用脚面贴住外侧脚的脚踝，双腿膝盖和小腿并拢（见图 7－8）。

（5）重叠式：在侧点式的基础上，把里侧的一条腿提起，腿窝落在另一腿的膝关节上边，要注意上边的腿要与另一条腿贴住，绷脚尖向下（见图 7－9）。

图 7－8　侧挂式坐姿

图 7－9　重叠式坐姿

（四）美观的蹲姿

1. 蹲姿的要求与禁忌

（1）基本要求：一脚先后撤一步，再下蹲；动作要优雅，女士着裙装时要轻抚裙摆；蹲下后保持上体挺拔，神情自然，控制好身体的重心，两脚前后分开，女士两腿夹紧，男士两腿微分开；起立时，身体要轻盈，站好再继续行走。

（2）禁忌：下蹲时注意不要过于突然，位置也不要距人过近，否则可能会造成乘客心里不安；下蹲时方位要得当，直接面对乘客不太礼貌，应稍侧身下蹲。另外，女士下蹲，除了方位上注意要侧对他人以外，还应用一只手轻按领口部位，以免走光。

2. 不同蹲姿训练

（1）高低式：下蹲时右脚在前，左脚稍后，两腿靠紧向下蹲；右脚全脚着地，左脚脚跟提起，脚掌着地；左膝低于右膝，左膝内侧靠于右小腿内侧，臀部向下，基本上以左腿支撑身体（见图 7－10）。高低式蹲姿是最常用的，这也是基本蹲姿。

（2）交叉式：下蹲时右脚在前，左脚在后，右脚全脚着地；左膝由后面伸向右侧，左脚跟抬起，脚掌着地；两腿靠紧，合力支撑身体；臀部向下，上身稍前倾（见图 7－11）。

（3）半跪式：左脚平放在地上，左腿自然弯曲，向左打开约 15 度；右脚尖着地，右脚跟抬起，将臀部的重心落在右脚跟上，右膝向下，向右打开约 15 度，两手平放在大腿上，指尖与膝盖取齐，两肘紧贴两肋，上身挺直，昂首挺胸，目视前方。

图 7-10　高低式蹲姿

图 7-11　交叉式蹲姿

该蹲姿适用于男士。

以上 3 种蹲姿，左右脚可交换前后位置反方向进行。

二、芭蕾形体训练

芭蕾是一门舞蹈艺术，是起源于意大利，成长于法国，成熟于俄罗斯，盛行于世界的古典舞种。它是在古希腊人体艺术的基础上发展起来的，在长期的实践中形成了科学的训练体系。“芭蕾”一词本是法语“ballet”的音译，而它的词源则是意大利语的“balletto”，意为“跳”或“跳舞”。芭蕾最初是欧洲的一种群众自娱或广场表演的舞蹈，在发展进程中形成了严格的规范和结构形式，其主要特征是女演员要穿上特制的足尖鞋，立起脚尖跳舞。1661 年，法国国王路易十四下令在巴黎创办了世界第一所皇家舞蹈学校，确立了芭蕾的五个基本脚位和七个手位，使芭蕾有了一套完整的动作体系，并一直沿用至今。

（一）芭蕾的美学特征

芭蕾的美学特征可概括为“开、绷、直、立”四大美学原则。从 1700 年起，这四大原则就成为芭蕾舞编导和表演家们的审美标准。

1.“开”——芭蕾舞艺术的精髓

所谓“开”，指的是芭蕾舞者不分男女，均需从肩、胸、胯、膝、踝五大关节部位，左右对称地向外打开，或向两侧打开，尤其是两脚应该向外打开 180 度。它的艺术特征主要表现在：延伸身体线条、扩大表现空间、增强运动灵活性、保持身体平衡、提高艺术性。

2. “绷”——显现肌肉的力量美

所谓“绷”，指的是芭蕾舞者均需将肢体各个部位“绷”到挺直，有效地延长肢体原有的线条，产生形体美和肌肉美的审美感觉。

3. “直”——展现正义的豪气

所谓“直”，指的是芭蕾舞者均需使自身的背部向上挺拔直立，达到健美挺秀的艺术境界。“直”不仅仅体现在身体的直立，还体现在动态之中的身体保持直立状态。垂直性是芭蕾舞许多成套动作技巧的核心。

4. “立”——再现坦诚的心胸

所谓“立”，指的是芭蕾舞者均需使头颈、躯干和四肢作为一个整体，在静态的舞蹈时要表现傲然挺立、气宇轩昂的稳重状态，而在动态舞蹈时既要稳重流畅，又要挥洒有力、沉稳如山。

芭蕾艺术的这种身体躯干保持直、立的美学特征，表现出一种自信和骄傲、高贵和正直，再配合开、绷的美学特征，共同造就了芭蕾舞男子舞者潇洒的绅士风度和举止，女子舞者优雅的淑女风采和姿态，呈现了清雅、高洁的艺术风貌，是艺术中高贵与典雅的典范。

（二）芭蕾基础训练

1. 基本手位

世界上各个流派的芭蕾在手位设置上不尽相同，这是因为各流派的表演风格不同。这里介绍常用的俄罗斯流派的七个手位（见图 7－12），因为俄罗斯流派的手位在延伸舒展和挺拔感上都比较突出，并有助于稳定重心和帮助收紧背部及立腰。在训练过程中利用这七个手位，主要训练手指末梢神经的感觉，加强动作的美感，并延伸到工作、生活中的每个细微之处。

（1）基本手型：大拇指向中指靠近，食指离开中指，其余三指并拢，始终保持自然放松的状态。

（2）一位手：在基本站立要求的基础上，手臂在身前略呈弧形，两臂合成一个圆形，肘关节略前顶，手心朝上，两手手指相距一拳，手掌与身体也相距一拳。

（3）二位手：保持一位手的形态，两条手臂平平地向上端起，手心对着胃的高度，肩到手指有一个下坡度，双臂仍保持一位时的弧度，有一种合抱大树的感觉。

（4）三位手：保持二位手的形态，双臂同时向头顶上方抬起，手心朝向头顶，肘关节略向后打开，双臂仍保持弧形。

（5）四位手：一只手臂在三位手位置上，另一手臂保持原有形态回到二位手的位置。

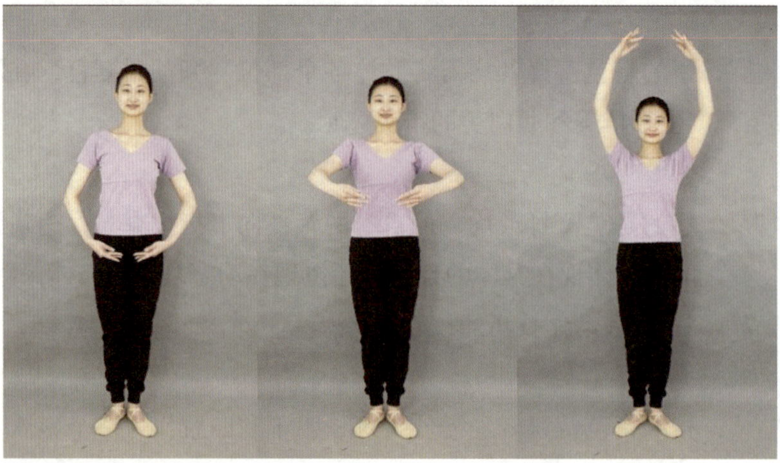

一位手　二位手　三位手

四位手　五位手　六位手　七位手

图 7－12　芭蕾基本手位

（6）五位手：停留在三位手的手臂仍保持不动，回至二位手的手臂向旁打开到正旁稍靠前处，肘关节向上抬起，手心略向斜前方，从肩到手指处略有一点坡度。

（7）六位手：已打开到旁的手臂保持不动，另一手臂从三位手的位置回到二位手的位置。

（8）七位手：原已打开的手臂保持不动，二位手的手臂向旁打开，两手臂呈对称位置。

2. 基本脚位

芭蕾的 5 种基本脚位，是基础训练必须学习的动作（见图 7－13）。不只是因为简单，而且在进行芭蕾形体训练时大部分的动作都是以这 5 种基本脚位作为开始和结束姿态。有些人的软开度好，就能很轻松地完成；有些人的软开度较差，只要坚持不懈地刻苦练习也会逐渐达到要求。

一位脚　　二位脚　　三位脚

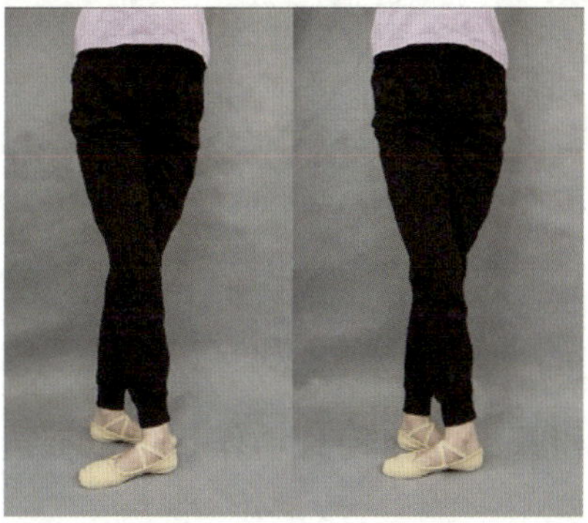

四位脚　　五位脚

图 7－13　芭蕾基本脚位

（1）一位脚：双腿外开，两脚跟相对，双脚呈 180 度，肩部放松，颈部伸长，夹紧臀部；

（2）二位脚：在一位脚的基础上，一只脚向旁打开，双脚距离与肩同宽或打开一脚的距离；

（3）三位脚：在二位脚的基础上，一只脚向内收回到另一只脚的 1/2 处，前脚的脚跟紧贴后脚的脚心；

（4）四位脚：在三位脚的基础上，前脚向前平行移动，前后脚之间留有一脚的距离，前脚的脚跟与后脚的脚趾在一条竖线上，重心在双腿上；

（5）五位脚：在四位脚的基础上，后脚的脚尖与前脚的脚跟对齐，双脚紧靠在一起。

（三）芭蕾把杆训练

1. 蹲

（1）动作详解。

蹲（见图 7－14）是弯曲、屈膝的意思，是一个股关节向外转开、身体重心下沉的动作。下蹲时，背部同时相对拉长并提气。执行蹲动作时脚背必须垂直向上，不可前倾或后倒。

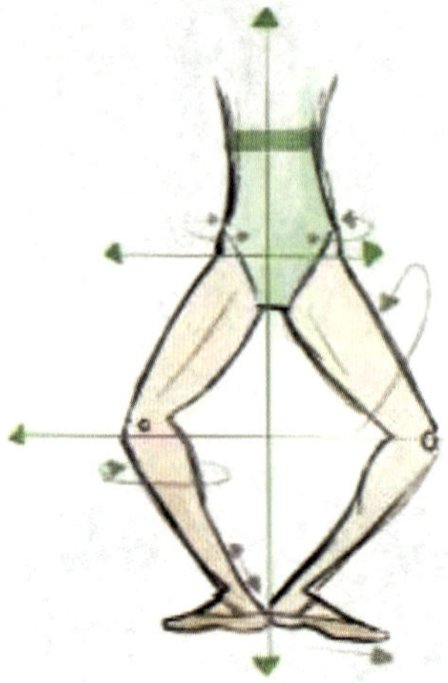

图 7－14 蹲示意图

（2）训练目的与意义。

蹲是踝关节、股关节和膝关节的暖身动作，可以促进身体平衡与各部位能力的提高，为跳跃做准备。

（3）组合练习。

前奏 8 拍准备：左手扶把，右手为一位手，同时一位脚站好。

1—8 拍：一位半蹲，2 拍蹲，2 拍起，做 2 次；

2—8 拍：双脚立半脚尖，后 2 拍落脚；

3—8 拍：一位全蹲，4 拍蹲，4 拍起；

4—8 拍：右脚向旁擦出，到二位脚；

然后进行二位上的蹲，动作节奏与一位相同。

做完二位蹲后收到右脚在前的三位脚，进行三位蹲的练习，正面加反面，动作节奏都与前面相同。

2. 擦地

（1）动作详解。

擦地（见图 7－15）的原意是击打、伸出的意思。动作过程中人体垂直站立，身体的重量平均分配在双脚上，当动力脚向外擦出时，身体的重心微微移至主力腿。动力腿伸直，保持外开的形态，脚掌紧贴地面向外擦出，脚跟先离开地面，然后脚弓、脚掌依次离开地面，最后脚尖点地。脚尖向外擦出的距离是在两胯保持稳定、水平、不移动位置的情况下所能达到的最远点。动力脚向主力腿收回的路线与过程按照初始各部位的运动顺序反过来依次进行，脚收回至动作开始之前的位置。

图 7－15　擦地示意图

（2）训练目的与意义。

更好地训练整个腿部及脚腕、脚背的力量，增强肌肉的控制能力。

（3）组合练习。

前奏准备 8 拍：左手扶把，右脚在前五位脚站好。

1—2 拍：右脚向前擦地；

3—4 拍：收回；

5—6 拍：五位蹲；

7—8 拍：回原位；

2—8 拍：向前擦地，做 2 次；

3—4 拍：右脚向旁擦地，右脚收到后五位；

5—8 拍：五位蹲，收回；

4—8 拍：向旁擦地，做 2 次；

5—4 拍：右脚向后擦地，收回；

5—8 拍：五位蹲，收回；

6—8 拍：向后擦地，做 2 次；

7—8 拍：右腿收腿，落到前五位；

8—8 拍：呼吸蹲，双脚立半脚尖，转身，换手扶把，落脚。

然后进行左脚在前的五位擦地，动作顺序和节奏与右脚擦地相同。

3. 小踢腿

（1）动作详解。

小踢腿（见图 7－16）动作的特点是急速踢起，有力控制。左手扶把，右前五位，七位手准备。右腿先像擦地一样向前擦出，然后向上抬 25 度并停留，收回时先落下 25 度，腿成为前点地。收回时脚尖点地，擦地收回。

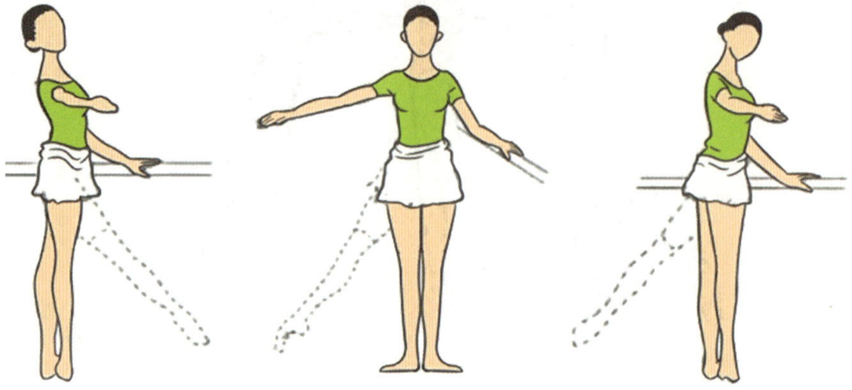

图 7－16　小踢腿示意图

（2）训练目的与意义。

用以训练腿的速度和爆发力以及后背的力量，为大踢腿和弹跳做准备。

（3）组合练习。

前奏准备 8 拍：左手扶把，右手一位手准备，右脚在前五位脚站好。

1—8 拍：2 个向前的小踢腿，2 拍出，2 拍回，做 2 次；

2—8 拍：向前踢出，点地 2 次，收回；

3—8 拍：小踢腿向旁，做 2 次；

4—8 拍：1 次向旁的小踢腿，收回右脚在后的五位，做 1 次蹲；

5—8 拍：小踢腿向后，做 2 次；

6—8 拍：向后踢出，点地 2 次，收回；

7—8 拍：小踢腿向旁，做 2 次；

8—8 拍：1 次向旁的小踢腿，收回五位右脚在前，双脚立半脚尖，转身的同时换手扶把。

然后进行左脚在前的小踢腿练习，动作节奏都与右脚在前相同。

4. 画圈

（1）动作详解。

两胯平行，主力胯向上提起不要晃动，动作过程中脚尖向外划至所能达到的最远点，绷直腿并保持外开，脚尖不要离开地面，后四位时脚尖不能超越主力脚脚跟最外侧的界限，动力脚经一位时脚尖打开，脚跟紧贴地面。见图 7－17。

图 7－17　画圈示意图

（2）训练目的与意义。

主要训练髋关节的开度、松弛和稳定性，锻炼腿和脚部的外开，通过脚尖在地面最大限度地进行画圈训练，使脚趾、脚弓、脚掌、脚背、脚腕的柔韧性和能力得到锻炼，为腿在地面与空中大幅度的画圈动作做好准备，同时还能够增强腰背肌的控制能力。

（3）组合练习：3/4 拍。

前奏 12 拍准备：左手扶把，右手放在一位上，右脚在前五位脚站好。

1—12 拍：右脚向前擦出，画圈经过旁，到后，然后回一位；

13—24 拍：重复 1 次；

25—30 拍：速度加快 1 倍，动作相同；

31—36 拍：重复 1 次；

37—48 拍：右腿经过一位向前擦出的同时左腿半蹲，然后向后下胸腰，停留 6 拍后左腿直立，同时身体回正。

然后进行右脚向后开始的画圈，动作节奏与向前画圈相同。

1—12 拍：右脚经过前擦地收回前三位，呼吸带动上身向下贴腿；

13—24 拍：起身，阿拉贝斯造型；

25—36 拍：左转身面向把杆，重心在主力腿上，右脚尖点地，呼吸右手带动向左下旁腰；

37—48 拍：旁腰起身，右脚收回后五位，换手扶把向左转身，右手扶把，左脚在前五位脚站好。

进行左脚向前和向后的画圈练习，都与右脚的动作节奏相同。

5. 大踢腿

（1）动作详解。

大踢腿（见图 7－18）是腿部超过 90 度的大幅度动作。动作过程中保持身体的垂直、腿部的外开，主力腿的髋关节向上提起，注重脚经过擦地踢起、擦地收回的全过程。起腿要轻、踢时要快、落腿要稳。

图 7－18　大踢腿示意图

（2）训练目的与意义。

主要训练腿部肌肉、韧带的张弛，锻炼脚经擦地迅速踢向空中的能力，提高腹背肌、主力腿的控制能力，为以后的跳跃动作打下基础。

（3）组合练习。

前奏准备 6 拍：左手扶把，右手一位准备，右脚在前五位脚站好。

1—12 拍：3 次向前的大踢腿，1 次半蹲；

13—24 拍：3 次向旁的大踢腿，1 次半蹲，向左转体 90 度，双手扶把；

25—36 拍：3 次向后的大踢腿；

37—48 拍：3 次向旁的大踢腿，幅度加大，向左转体 90 度，右手扶把；

然后进行左腿前、旁、后的大踢腿，动作节奏都与右腿相同。

三、瑜伽身心训练

瑜伽是印地语“yoga”一词的音译，含义为“一致”、“结合”或“和谐”。瑜伽源于古印度，是古印度六大哲学派系中的一系，探寻“梵我合一”的道理与方法。而现代人所称的瑜伽则主要是一系列的修身养心方法。瑜伽姿势运用古老而易于掌握的技巧，改善人们生理、心理、情感和精神方面的能力，是一种身体、心灵与精神和谐统一的运动方式，包括调身的体位法、调息的呼吸法、调心的冥想法等。

瑜伽发展到今天，已经成为世界广泛传播的一项身心锻炼修习法。因为它的减压作用以及保健作用而备受推崇，同时不断演变出各种各样的瑜伽分支，比如热瑜伽、哈他瑜伽、高温瑜伽、养生瑜伽等，以及一些瑜伽管理科学。

下面介绍瑜伽的几种基础体式。

（一）站立前屈式

站立前屈式中，最容易犯的错误是拱背。此时只需要微微屈膝，就可以增加屈髋的能力，改善拱背的问题，也可以用伸展带和瑜伽砖辅助。见图 7－19。

图 7－19　站立前屈式

（二）骑马式

骑马式中，初学者容易将身体的重量压在膝盖上，正确动作是脊柱向上延展、髋部中正、脚背小腿用力下压，此外也要注意前方小腿要与地面垂直。见图 7－20。

图 7－20　骑马式

（三）战士3式

战士3式中，最容易犯的错误是翻髋以及后方大腿伸不直。要解决这个问题，首先下方腿一定要收紧，用力下压。如髋部无法摆正，也可以微微屈膝。注意手臂和上方腿将身体拉成一条直线。见图7－21。

图7－21　战士3式

（四）半月式

半月式中最难的部分在于，髋部向上打开后，身体无法有效控制达到平衡，此时可以借助瑜伽砖或者是墙壁来练习。见图7－22。

图7－22　半月式

（五）坐立前屈式

坐立前屈和站立前屈体式一样，容易犯的错误是拱背。此时可以借助伸展带，也可以微微屈膝，来延展背部。见图7－23。

图 7-23 坐立前屈式

（六）广角式

广角式中，初学者最容易犯的错误是拱背以及脚部的松懈。在这个体式中尤其要注意双脚的激活，脚尖指向正上方，双腿收紧用力下压地面，膝盖朝向正上方，臀部不要离开地面。见图 7-24。

图 7-24 广角式

（七）船式

船式中，初学者由于核心力量以及平衡感较差，所以经常会拱背，甚至双腿无法离开地面。此时可以借助伸展带来练习，也可以微微屈膝增加屈髋能力，让背部立直。见图 7-25。

图 7－25　船式

（八）单腿下犬式

单腿下犬式中，初学者比较容易犯的错误是翻髋以及上方腿松懈。此时脚后跟应用力蹬，收紧大腿，微微屈膝增加屈髋能力。见图 7－26。

图 7－26　单腿下犬式

（九）海豚式

海豚式中，初学者比较容易犯的错误是身体重量集中在身体的前端，从而导致拱背、双肩紧张。此时需要将注意力放在双腿上，双脚用力向下踩，双腿收紧，微微屈膝，增加屈髋能力，延展背部。见图 7－27。

图 7-27　海豚式

（十）斜板式

斜板式中，由于核心力量不足或者还没有学会如何启动核心力量的时候，初学者要么容易翘臀，要么就是撑不起髋部。此时要注意双脚以及头部带领延展脊柱，即双脚和头部像绳子的两端，用力将身体拉成一条直线。见图 7-28。

图 7-28　斜板式

（十一）四柱式

与斜板式容易犯的错误一样，四柱式的难度会更大，初学者可以借助瑜伽砖来练习。见图 7-29。

图 7－29　四柱式

（十二）上犬式

上犬式中，比较容易犯的错误是将身体的重量都放在双臂上，从而导致手肘超伸，将肩关节锁死。此时需要将肘眼相对，微微屈手肘，打开肩关节，延展脊柱，也可以借助瑜伽砖放在髋部下方支撑。见图 7－30。

图 7－30　上犬式

（十三）侧板式

侧板式中，初学者的髋部经常会撑不起来，一方面与核心力量薄弱有关，另一方面是因为平衡能力较差。此时应用力向上延展手臂，双腿收紧，激活核心力量。见图 7－31。

图 7－31　侧板式

（十四）骆驼式

骆驼式中，由于上身后弯的能力比较弱，初学者经常无法保证髋部与膝盖在一个垂直于地面的平面内。此时可以借助瑜伽砖来辅助支撑。见图 7－32。

图 7－32　骆驼式

（十五）弓式

弓式中，一定要注意胸腔的上提打开，双腿向后方用力，带动身体向前向上。见图 7－33。

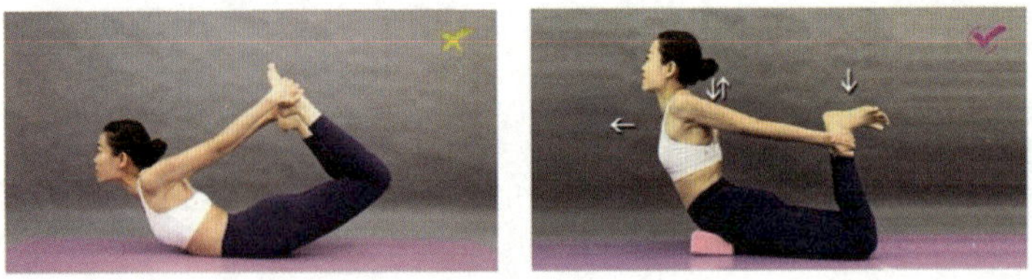

图 7－33　弓式

（十六）轮式

轮式中，初学者最容易犯的错误在折腰。此时可以适当增加双手到双脚的距离，如果身体的确无法撑起来，也可以借助瑜伽砖练习。见图 7－34。

图 7－34　轮式

（十七）神猴式

神猴式中，初学者最难做到的是在保持髋部朝向正前方的同时，延展脊柱。因此，练习这个体式的初期，可以利用瑜伽砖来辅助。见图 7－35。

图 7－35　神猴式

练一练

根据自身情况，进行礼仪、芭蕾、瑜伽的塑身训练。

第三节 不良体态的矫正方法

学习目标

掌握不良体态的矫正方法

一、高低肩

高低肩（见图 7－36）产生的原因主要有两种：一种是姿势不良；另一种是脊柱侧弯。如经常用同一侧的肩膀背包或手提重物，一侧肩关节周围的软组织长时间处于紧张状态，使肩部下肌群紧缩、上臂肌群拉长而成斜肩，从而导致两肩高低不平。

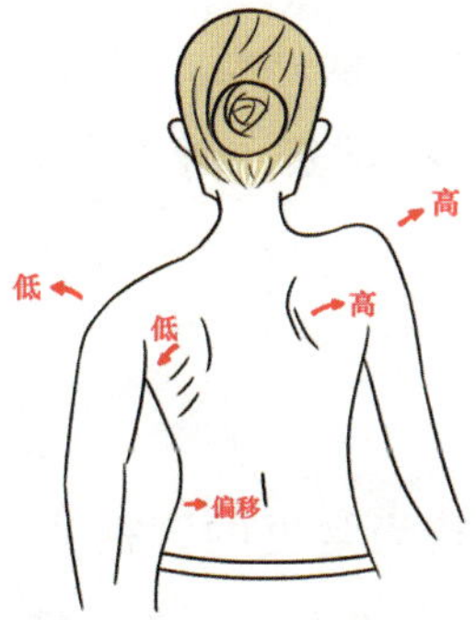

图 7－36 高低肩示意图

高低肩的矫正方法：

（1）改正不良的生活习惯，如跷二郎腿。

（2）减少背单肩包和单手提重物，要左右交替，平均使用。

（3）多锻炼背部肌肉，防止劳损。锻炼方法：双脚打开与肩同宽，双手向上，掌心相对，双手带动上身向下弯曲，直到背部与地面平行，调整重心，上身微微前移，均匀呼吸，坚持 1 分钟左右。

（4）背靠墙站立，手臂弯曲呈 90 度，两侧肩部保持水平，肩部、肘部和手腕都要紧贴墙壁，慢慢将手臂向上抬起，停留片刻后再回到原位。10 次一组，做 3 组。

（5）练习瑜伽下犬式，每天做 3 组。

二、溜肩

溜肩（见图 7－37）又称斜肩，是指肩斜度偏大。正常男子颈部与肩部的角度在 95 ～ 110 度，女子在 100 ～ 120 度，如果肩部与颈部的角度大于上述角度，就属于溜肩。

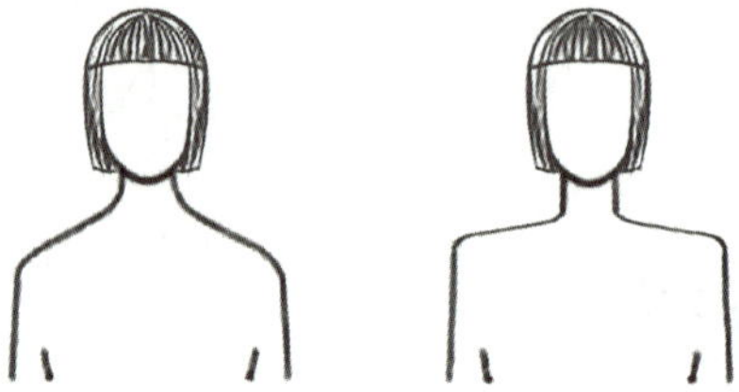

溜肩　　平肩

图 7－37　溜肩示意图

溜肩的矫正方法：

（1）俯卧撑：要求俯撑时肘外展，并保持两肘与肩在同一水平线上。10 次一组，做 3 组。

（2）屈臂提肘：两腿开立，两手于体侧持一哑铃或其他重物，然后上体前屈，两臂屈臂提肘上拉至上臂与地面水平，肘外展，保持 3 秒再还原。10 次一组，做 3 组。

（3）臂上举：两脚开立，与肩同宽，两手持哑铃或适当重物上举。10 次一组，做 3 组。

三、驼背

驼背（见图 7－38）是一种较为常见的脊柱变形，是胸椎后突所引起的形态改变。多见于年老脊椎退化、坐立姿势不正，或佝偻病、强直性脊柱炎等引起的脊柱变形。应注意坐、立、行的姿势，若出现姿势不良易引起姿势性驼背。此外，缺乏体育锻炼也会形成驼背。

驼背的矫正方法：

（1）双手背后叉握，尽力上提到肩胛骨，用力顶住后背，头后仰。

（2）俯卧地上，膝关节伸直，绷脚尖，两臂前举，两臂与两腿同时抬起，腰背肌肉紧缩，然后还原。10 次一组。注意两腿抬起时要夹紧，抬头挺胸。

（3）仰卧，两臂于体侧伸直，背部离地，用力向上挺胸，保持 5 秒钟，再还原。10 次一组。挺胸时，背部离地面至最高点，脖子不能放松。

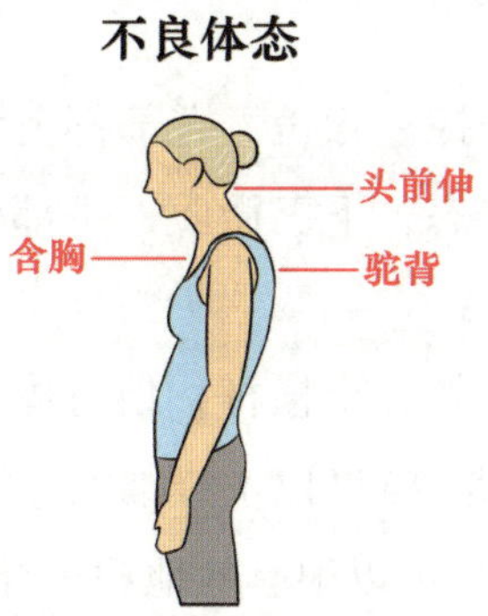

图 7－38 驼背

（4）坐在椅子上，双手叉握放头后，胸部用力向前挺，头后仰。

知识拓展

如何预防驼背？

1. 培养良好的姿态，不论是站立还是行走，都应保持身体直立，两肩向后打开，自然舒展。

2. 不要睡过软的床，可使脊柱在睡眠时保持平直。

3. 加强体育锻炼，促进脊柱周围肌肉力量的发展。

四、脊柱侧弯

脊柱是人体的中轴和支柱，是人体极其重要的结构支撑。现在很多人习惯于不良坐姿和走姿，长时间保持这种错误的姿势，会影响骨骼形态，甚至还会导致骨骼畸形。脊柱侧弯见图 7－39。

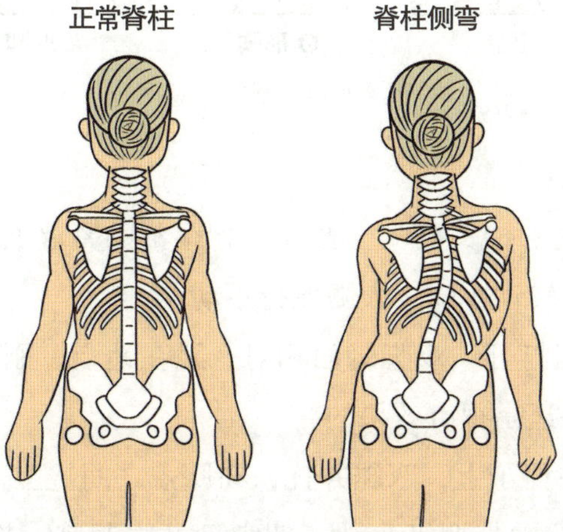

图 7－39 脊柱侧弯示意图

脊柱侧弯的矫正方法：

（1）贴墙站立法：靠墙站，脚并拢，膝盖、臀部都要紧贴在墙面，双臂自然下垂，肩放平，整个身体都保持挺拔状态，下巴微收，头部微微向上抬起，每次贴墙半小时，每天做 1 ～ 2 次。

（2）水平杆悬挂法：双手一起握住一个横杆，使身体自然伸直，悬在空中，然后做轻微摆动，保持 1 ～ 2 分钟。这是 20 度以下脊椎侧弯的常见矫正运动。

（3）俯卧撑：每次做 15 ～ 30 次，可以很有效地矫正脊柱侧弯。

（4）侧卧，两手交叉枕在脑后托头，辅助者按住双脚（或用双脚钩住一固定物），抬起上身做体侧屈运动。

（5）盘坐，甩动两臂，左右回转上体；或两臂侧平举，回转上体。

做以上矫正动作时，应针对脊柱侧弯的方向来确定动作方向。

五、O 形腿

O 形腿（见图 7－40）的形成，主要是由于人体结构力学失衡。缺钙和遗传是 O 形腿形成的两个基础，但更直接的原因还是在于走姿、站姿、坐姿及一些运动方式的不正确、不规范。

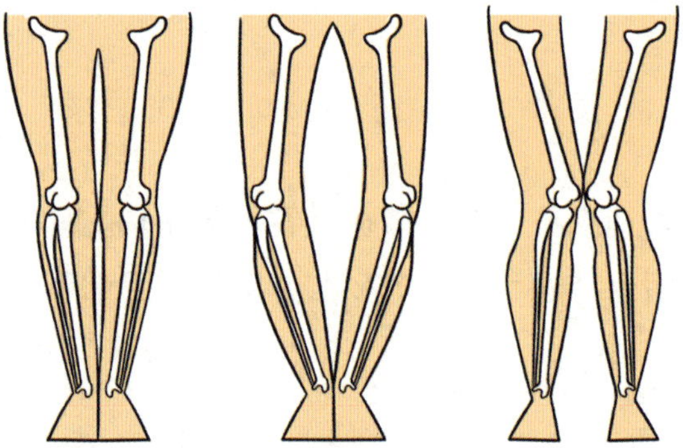

图 7－40　腿型示意图

O 形腿的矫正方法：

（1）贴紧墙壁站立：抬头挺胸，臀部和脚跟都贴紧墙面，双腿用力夹紧，双膝尽量并在一起，再向外转动小腿，大腿保持不动。

（2）青蛙趴：双腿打开，双脚脚面相对，趴在地上。刚开始做这个动作可能会有些难度，但长期坚持还是很有效果的。

（3）缠绷带：坐在椅子上，双腿并拢，在膝盖之间垫上一条毛巾。在膝盖以下、脚踝以上的部位，用橡皮带捆绑小腿。捆绑后站立起来，挺直身体，并站立 15 分钟，也可以做站立下蹲的动作。

六、X 形腿

X 形腿主要是由骨骼发育畸形造成，完全矫正难度较大。

X 形腿的辅助矫正方法：

（1）坐在椅子上，两手后撑，足踝处夹一物体（可由厚换薄），两膝并拢，然后直腿上举至水平，再下落。15 ～ 20 次一组，做 3 组。

（2）两腿屈膝坐地，膝外开，脚掌相对，两臂弯曲，两手扶在膝关节内侧，用力下压膝关节至最大限度，保持 2 秒，再还原。

（3）直腿坐，两手体后撑地，两膝间夹一软物（如小皮球），用橡皮筋将踝关节捆住，保持 5 分钟。要求小腿用力夹软物。

（4）两腿开立，两膝尽量向两边分开，挺胸立背，屈膝半蹲，慢慢提起脚跟，然后下落。反复提起并下落脚跟，直至小腿有酸胀感。

（5）小腿向内侧踢毽子，两腿交替进行。

七、八字脚

通常将八字脚分为“内八字“和“外八字”。“内八字”的人走路时两脚尖内扣，脚跟朝外；“外八字”的人走路时两脚尖向外撇，脚跟内扣（见图 7－41）。如果脚尖的方向同前进方向之间的夹角超过 40 度，就会影响形体美，需要矫正。

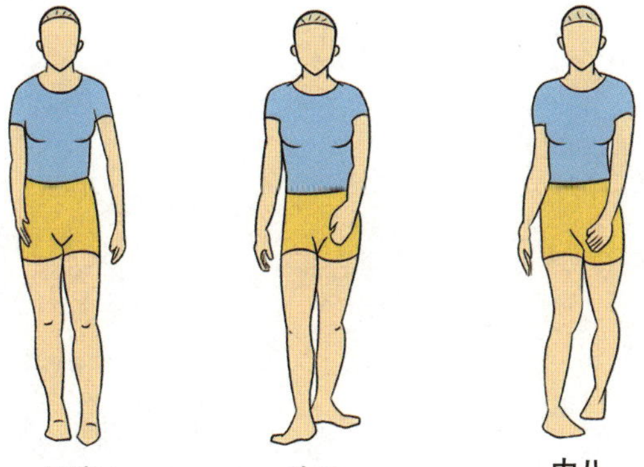

图 7－40　八字脚示意图

八字脚的辅助矫正方法：

（1）在地上画直线，沿着直线来回走，要求脚尖朝前，脚跟和脚掌的内侧踏在线上。

（2）踢足球。纠正“外八字”用脚外侧踢球，纠正“内八字”用脚内侧踢球。

（3）踢毽子。纠正“外八字”用脚内侧踢，纠正“内八字”则用脚外侧踢。

矫正八字脚最根本的原则就是：走路时把脚摆正，并有意识地让自己养成正确的步态习惯，持之以恒，常年坚持，每天练习。

复习与思考

1. 空乘人员气质提升的方法有哪些？
2. 礼仪、芭蕾和瑜伽训练对身体塑形有哪些作用？
3. 不良体态的矫正方法有哪些？

参考文献

1. 李勤．空乘人员职业形象设计与化妆．北京：清华大学出版社，2017.

2. 李勤．空乘人员化妆技巧与形象塑造．5 版．北京：旅游教育出版社，2016.

3. 侯苏容．民航服务礼仪实训．2 版．北京：中国人民大学出版社，2019.

4. 魏全斌．民航服务人员形体训练．北京：北京师范大学出版社，2014.

5. 魏全斌，朱毅盛，刘忠．航空服务人员形体训练．成都：四川教育出版社，2010.